董事注意義務的司法認定
美國的經驗和中國的再造

蔣昇洋 編著

財經錢線

序

　　作為現代公司治理的核心機制，董事義務制度一直以來都是公司法研究的重點。相對於忠實義務的具體列舉，中國公司法對董事注意義務僅作出了概括性規定。由於董事注意義務關涉董事盡職程度和能力水準的評判，相較於識別與利益衝突有關的忠實義務而言，司法實踐中對於董事注意義務違反與否的評價尺度與認定標準一直以來都難以準確把握。同時，指引中國法院進行法律適用的司法解釋和案例指導制度，在董事注意義務這一領域也暫付闕如，致使法院在審判實踐中多將法律規定與章程授予的職權責任作為主要的判斷依據，將侵權行為模式作為主要的問責路徑。這樣既無法涵蓋複雜的公司治理實踐下與忠實義務無關的所有董事不當行為，也無法實現注意義務制度初衷從利益填補向激勵威懾的理念轉變。因此，如何使中國董事注意義務的司法認定既應對複雜的公司治理實踐，又使其在司法認定中凸顯注意義務的現代公司法機理，是亟待解決的問題。

　　《董事注意義務的司法認定：美國的經驗和中國的再造》一書基於美國法的經驗借鑒，將董事的注意義務類型化為董事的決策義務和董事的監督義務，並在此基礎上，進一步將決策義務劃分為普通決策義務和控制權交易決策義務；將監督義務劃分為監督公司日常營運的義務、監督信息披露合規性的義務和監督公司商業風險的義務。本書還將「善意」引入注意義務的範疇之中，並認為善意是信義義務下注意義務和忠實義務的共有理念，注意義務的判斷標準、判斷原則應當以董事是否善意為導向，即董事在決策和行為當時是否具有為公司、股東謀求最大利益為導向進行注意義務的判斷和審查。這為公司法中注意義務乃至信義義務的研究增添了一些新意，突破了以往注意義務判斷標準的主客觀標準之分，在一定程度上避免了研

董事注意義務的司法認定：美國的經驗和中國的再造

究結論的抽象性。本書通過類案比較的研究方法，將中國的注意義務案例和美國（尤其是特拉華州）法院的注意義務案例進行了裁判思路、法院關注焦點的比較和總結，提出了「信息」與「程序」的雙重審查模式。該雙重審查模式結合決策義務和監督義務的類型劃分，對注意義務應當如何展開審理邏輯、關注哪些審理焦點、運用何種判斷標準進行了較為詳盡的闡述和分析。該雙重審查模式為中國董事注意義務的司法認定提供了一個可能的解決方案。此外，本書所採用的類案比較的研究方法，在一定程度上實現了司法認定模式與司法認定標準的客觀化、具體化，從而使得研究結論具有一定的可操作性。

　　本書作者蔣昇洋於2014年考入西南財經大學法學院，在我指導下攻讀碩士學位。在校期間，他刻苦努力、勤奮好學，潛心研究學問，掌握了紮實的學科專業知識。他積極關注中國社會經濟現實問題，具有較強的觀察力和問題意識。在校期間，作為第一主研，他還參加了多項省級和校級課題的研究，並在國內核心期刊上獨立或合作發表論文多篇，表現出良好的學術研究稟賦和潛力。其碩士學位論文在答辯中獲得答辯評委們的一致好評，並榮獲西南財經大學「優秀碩士學位論文光華獎」。本書是在他的碩士學位論文的基礎上完成的。懷著對學術研究濃厚的興趣和熱愛，蔣昇洋在工作一年後又考回母校繼續攻讀博士學位。作為他的老師，我為本書的出版感到由衷的高興，並衷心地祝願他在今後的學習中不斷探索，積極進取，百尺竿頭，更進一步。

　　是為序。

劉文

摘 要

公司董事對公司負有注意義務，其應在公司職責的履行過程中盡到勤勉、謹慎與注意，並以符合公司、股東最大利益的方式和信念作出公司決策、履行監督職責。由於董事的注意義務關涉董事盡職程度和能力水準的評判，司法實踐對於董事注意義務違反與否的評價尺度與認定標準一直以來難以準確操控。而中國法律中有關董事注意義務的規則僅提及「勤勉義務」這一概念，而無其他具有司法適用意義之條款。此外，指引中國法院進行法律適用的司法解釋和案例指導制度，在董事注意義務這一領域同樣暫付闕如。通觀中國董事注意義務的司法審判實踐，其多將注意義務認定限縮為合規、越權行為的認定，多將侵權行為模式作為唯一的追責路徑，即便部分案件引用了國外的司法認定要素也依然存在「引而不用」的現象。因而，對中國現有的董事注意義務的司法審判實踐予以檢視和再造尤為必要。

縱覽以往中國國內對董事注意義務的研究，其研究視角多集中於董事注意義務的審查認定標準，研究方法多集中於國外成文法的比較分析，研究建議多集中於商業判斷規則的引進，研究結論多集中於司法適用性較弱的抽象性表述。即便近年來湧現出諸多對中國董事注意義務的司法實踐進行實證案例剖析的研究成果，但這些研究成果始終沒有擺脫以成文規則作為比較研究對象、以抽象結論作為分析建議的「魔咒」。本書試圖採用類案比較的研究方法，在將董事注意義務分為決策類義務與監督類義務的基礎之上，將中國注意義務的司法案件與美國注意義務的司法案件進行類型化的詳盡比較，以凸顯中國董事注意義務在司法運行中所存在的問題與不足，為中國董事注意義務司法認定的再造奠定堅實的基礎。

董事注意義務的司法認定：美國的經驗和中國的再造

　　本書提出，中國對於美國判例法的經驗汲取要點有二：其一，注意義務內部決策類義務與監督類義務的二分法，以及在各自的義務類型之下法院的審判關注焦點；其二，善意要素在注意義務司法實踐中的具體應用。通過對美國判例法經驗的汲取，本書提出「信息」與「程序」的雙重審查模式。在董事決策類注意義務下，「信息」要件聚焦於董事在決策時所知道或者應當知道的信息，審查這些信息能否表明董事在決策時盡到了公司和股東最大利益的審慎考慮；「程序」要件聚焦於董事在決策時所採取的協商、討論、談判程序的充分性，以及董事是否努力地獲取相關信息，從而使其在充分知悉的基礎上作出決策。在董事監督類注意義務下，「信息」要件聚焦於董事在事前是否知道或者應當知道「紅旗警示」（red flag）信息，並在明知或應知「紅旗警示」信息的情況下是否採取了有效的監督舉措；「程序」要件聚焦於董事是否在公司內部設立了信息收集與報告的內部控制系統，以及董事是否將該內部控制系統處於有效的運轉之中。上述所有審查要點的判斷基準則是董事是否基於公司、股東利益最大化的善意的方式和信念行事。

　　本書除導論外分為如下五個部分：

　　第一部分，對中國董事注意義務司法認定的現實運作狀況進行梳理。通過梳理發現，中國法院在注意義務案件的審判實踐中存在如下問題：將注意義務認定局限於違法與越權行為的認定，並因此而對部分董事不當行為追責困難；運用商業判斷規則的案件缺乏必要的裁判說理；採用美國定義模式的案件並未變更其原有裁判理路；部分案件未明確區分董事忠實義務與注意義務。而上述問題大致可歸結為如下原因：法律規則過於強調董事行為的合規性與職權性，注意義務的司法認定缺乏具體的操作指引，侵權行為理論影響注意義務的裁判路徑，中國傳統的信義義務理念限制了注意義務的發展。

　　第二部分，提出以美國判例法經驗作為借鑒路徑，以對中國董事注意義務司法認定的現有問題的改良有所啓迪。該部分提出了兩個借鑒要點：其一，董事注意義務中決策義務與監督義務的類型劃分，以及每個義務類型下法院的關注焦點；其二，善意標準在注意義務中的司法適用。上述借

鑑要點有助於優化中國法官的裁判思維、確定責任認定標準、明晰注意義務的內涵與外延。

第三部分和第四部分，對上述美國判例法中的兩個經驗借鑑要點予以分類剖析，並進行中美判例的分類比較。第三部分對董事注意義務中的決策類義務進行剖析，並將董事的決策類義務分為充分審慎地作出公司普通決策的義務和充分審慎地作出公司控制權交易決策的義務。董事在決策時所明知或應知的特定事實、董事所採取的決策程序與信息獲取程序是法院在該類義務下的關注焦點。而事實信息能否成為決策的正當理由、決策程序的充分完備與否是善意標準的適用關鍵。第四部分對董事注意義務中的監督類義務進行剖析，並將董事監督類注意義務分為監督公司日常營運的義務、監督公司信息披露合規性的義務、監督公司商業風險的義務。警醒董事採取監督措施的「紅旗警示」信息、可有效運行的信息收集與報告的內部控制系統是法院在該類義務下的關注焦點。而董事是否知道或者推定應知「紅旗警示」、董事是否履行了設立信息收集與報告內控系統的作為義務是善意標準的適用關鍵。

第五部分，對中國董事注意義務的司法認定提出再造建議。本部分提出，中國董事注意義務的司法認定可以對決策類義務和監督類義務進行「信息」和「程序」的雙重審查。在雙重審查模式下，善意是董事的責任認定標準，且善意標準的適用務必兼顧客觀標準，並可將善意的適用作為引入商業判斷規則的一條間接路徑。同時，在該審查模式下，應當遵循恪守事前審查和個案審查的司法適用要點，並由原告承擔舉證責任。最後，本書提出雙重審查模式的三條實現路徑。

關鍵詞：董事　注意義務　善意

Abstract

The directors of the company have duty of care, it should be diligent, cautious and careful in the fulfillment of the company's duties, and in line with the company's best interests to make the company's decision-making, to fulfill its oversight responsibilities. Because the director's duty of care concerns the director's due diligence and ability, it is difficult for the judicial practice to judge whether the director's duty of care is violated or not. However, the rules of the duty of care in the law of our country only refer to the concept of 「duty of diligence」, and there are no other provisions. In addition, the judicial interpretation and case guidance system guidelines for our country's courts of law application, pay attention to the field of the duty also lacked. In our judicial practice, the obligation that limit as compliance and ultra vires, the tort responsibility mode as the only path. Therefore, it is necessary to examine and reconstruct the existing judicial obligation of the directors' duty of care in our country.

In this paper, there are two main points in the experience of American case law: first, the dichotomy between the duty of decision-making and the duty of supervision in the duty of care, and the focus of the trial of the court under their respective obligations; second, the application of good faith element in the judicial practice of duty of care. Based on the experience of American case law, this paper puts forward the double examination mode of 「information」 and 「procedure」. Under the director's duty of decision-making, 「information」 focusing on elements of directors in decision-making are knows or ought to know the information, review the information can indicate whether the board of directors to make the best interests of the company and the shareholders of the careful consideration in decision-making;「procedure」focus on the adequacy of the negotiation, discussion, and negotiation procedures adopted by the directors in the decision-making process, and whether the board to obtain relevant information, so as to make their decisions based on fully informed. Under the director's duty of supervision,「information」focus on whether or not the directors know or should know the「red flag」information, and in the case of knowing or should know the「red flag」information whether to take effective supervision measures; The「procedure」focuses on whether the directors have established internal control systems for collecting and reporting information within the company, and whether the directors are working effectively in the internal control system. The basis for all the above review points is whether the directors act in good faith and on the basis of the interests of the company and the shareholders.

This paper is divided into five parts as follows:

In the first part, the author makes a survey on the practical operation of the judicial determination of the directors' duty of care in our country. Combing through discovery, our court has the following problems in the trial practice: the duty of care that is confined to the illegal and ultra vires, cases in which the business judgment rules are used are lack of necessary judgment reasoning, some of the cases did not differentiate the duties of loyalty and care.

In the second part, the author puts forward that the experience of American case law is used as a reference for the improvement of the existing problems in the judicial determination of the directors' duty of care. The above points are helpful to optimize the judge's thinking, determine the standard of responsibility, and clarify the connotation and extension of the duty of care.

In the third and the fourth part, this paper classifies and analyzes the two main points of reference in the American case law, and compares the Chinese and American cases. In the third part, the author makes an analysis of the duty of decision making in the directors' duty of care, and the directors' decision-making obligations are divided into two parts: to fully and carefully make the obligation of the company's general decision-making and to fully and carefully make the obligations of the company's control decisions. In the third part, the author makes an analysis of the duty of supervision the directors' duty of care, and the director's duty of care can be divided into the obligation to supervise the daily operation of the company, the obligation to supervise the compliance of the company's information disclosure, and the obligation to supervise the business risk of the company

In the fifth part, the author puts forward some suggestions on how to reconstruction the duty of directors in china. In this part, the author points out that the judicial cognizance of the director's duty of care in our country can be examined by 「information」 and 「procedure」. In the mode of double examination, good faith is the standard of the director's responsibility, and the application of the standard of good faith must take into account the objective standards, and the application of good faith as an indirect path to the introduction of business judgment rules.

Key words: Director   Duty of Care   Good Faith

目　　錄

0 導論 ……………………………………………………………（1）
  0.1 問題的提出及研究意義 ………………………………（1）
  0.2 文獻綜述 ………………………………………………（2）
    0.2.1 國內研究現狀 …………………………………（2）
    0.2.2 國外研究現狀 …………………………………（7）
    0.2.3 國內外研究現狀述評 …………………………（13）
  0.3 研究方法 ………………………………………………（15）
    0.3.1 比較研究的方法 ………………………………（15）
    0.3.2 案例分析的方法 ………………………………（15）
    0.3.3 歷史分析的方法 ………………………………（15）
  0.4 研究路徑及邏輯結構 …………………………………（16）
  0.5 概念界定 ………………………………………………（17）

1 中國董事注意義務司法認定的現實運作及其問題檢視 ……（20）
  1.1 中國董事注意義務的司法案件梳理 …………………（20）
    1.1.1 中國董事注意義務司法案件的樣本概況 ……（21）
    1.1.2 中國董事注意義務司法案件的宏觀數據分析 …（25）
  1.2 中國董事注意義務司法認定的微觀事實發現 ………（29）
    1.2.1 法定職權與章程授權作為董事決策的正當權源 …（29）
    1.2.2 以過錯歸責的侵權責任路徑作為認定模式 …（29）
    1.2.3 部分案件引用了美國式的注意義務定義 ……（30）
    1.2.4 部分案件運用了商業判斷規則 ………………（31）

1.3 中國董事注意義務司法認定的問題檢視 ·················· (32)
    1.3.1 將注意義務認定局限於合規與越權行為的認定 ········ (32)
    1.3.2 採用美國定義的案件並未變更原有裁判模式 ·········· (33)
    1.3.3 運用商業判斷規則的案件缺乏必要的裁判說理 ········ (33)
    1.3.4 部分案件未明確區分董事忠實義務與注意義務 ········ (34)

1.4 中國董事注意義務司法認定的問題原因歸結 ·················· (35)
    1.4.1 法律規則過於強調董事行為的合規性與職權性 ········ (35)
    1.4.2 注意義務的司法認定缺乏具體的操作指引 ············ (37)
    1.4.3 侵權行為理論影響注意義務的裁判路徑 ·············· (38)
    1.4.4 中國傳統信義義務理念限制了注意義務的發展 ········ (38)

2 中國董事注意義務認定的再造路徑：美國判例法經驗之借鑑
·· (40)

  2.1 經驗一：注意義務的類型劃分及裁判關注焦點 ············ (41)
    2.1.1 注意義務中決策義務和監督義務的類型劃分 ·········· (41)
    2.1.2 決策義務與監督義務中裁判關注焦點概覽 ············ (43)

  2.2 經驗二：善意在注意義務認定中的適用 ···················· (47)
    2.2.1 善意與注意義務的內在關聯 ························ (48)
    2.2.2 美國法院有將善意歸入忠實義務的趨向 ·············· (54)
    2.2.3 善意被歸入忠實義務有其深刻的歷史根源 ············ (56)
    2.2.4 中國不應照搬美國忠實義務擴張的實踐路徑 ·········· (61)

  2.3 美國經驗對中國董事注意義務認定再造的借鑑價值 ········ (63)
    2.3.1 更正合規與越權性認定的司法裁判思維 ·············· (63)
    2.3.2 善意標準助益於審查認定標準的具體化 ·············· (64)
    2.3.3 類型劃分助益於注意義務界限的明晰化 ·············· (65)

3 董事決策類注意義務的美國判例經驗剖析及中美判例比較
·· (66)

  3.1 美國法院在公司普通決策義務中的關注焦點 ·············· (66)
    3.1.1 董事在決策時所明知或應知的事實信息 ·············· (67)

3.1.2　董事所採取的決策程序的完備性 …………………（70）
　　3.1.3　董事善意信賴專業諮詢意見下的免責 ……………（70）
　　3.1.4　善意標準在上述關注焦點中的具體適用 …………（71）
　3.2　美國法院在公司控制權交易決策義務中的關注焦點 ………（72）
　　3.2.1　董事對市場信息獲取與知悉的程度 ………………（74）
　　3.2.2　董事在決策時所明知或應知的事實信息 …………（78）
　　3.2.3　董事在決策當時的協商談判程序 …………………（81）
　　3.2.4　善意標準在上述關注焦點中的具體適用 …………（83）
　3.3　董事決策類注意義務認定的中美比較 ………………………（85）
　　3.3.1　事前與事後審查視角的差異 ………………………（85）
　　3.3.2　靈活與固化審查模式的差異 ………………………（86）
　　3.3.3　法院關注焦點的差異 ………………………………（87）
　　3.3.4　分析裁判說理的差異 ………………………………（88）

4　董事監督類注意義務的美國判例經驗剖析及中美判例比較
　　……………………………………………………………………（90）

　4.1　美國法院在監督公司日常營運義務中的關注焦點 …………（90）
　　4.1.1　公司信息收集與報告系統的設立與運行 …………（92）
　　4.1.2　董事是否知道或應知「紅旗警示」信息 …………（94）
　　4.1.3　知道「紅旗警示」後董事作為義務的審查 ………（97）
　　4.1.4　善意標準在上述關注焦點中的具體適用 …………（99）
　4.2　美國法院在監督信息披露合規性義務中的關注焦點 ………（100）
　　4.2.1　董事是否知道或者應知披露信息的違規性 ………（102）
　　4.2.2　董事對違規財務報表的實際參與性 ………………（104）
　　4.2.3　善意標準在上述關注焦點中的具體適用 …………（105）
　4.3　美國法院在監督公司商業風險義務中的關注焦點 …………（106）
　　4.3.1　公司風險管理系統的設立與運行 …………………（108）
　　4.3.2　商業風險中「紅旗警示」的適格性審查 …………（109）
　　4.3.3　善意標準在上述關注焦點中的具體適用 …………（111）
　4.4　董事監督類注意義務認定的中美比較 ………………………（112）

3

4.4.1 責任追究路徑的差異 …………………………………… (113)
4.4.2 法院關注焦點的差異 …………………………………… (114)
4.4.3 責任認定標準的差異 …………………………………… (116)

5 中國董事注意義務司法認定模式的再造 ……………………… (118)
5.1 中國董事注意義務司法認定的雙重審查模式 ……………… (118)
5.1.1 董事決策類注意義務中「信息」要件的審查 ………… (119)
5.1.2 董事監督類注意義務中「信息」要件的審查 ………… (121)
5.1.3 董事決策類注意義務中「程序」要件的審查 ………… (123)
5.1.4 董事監督類注意義務中「程序」要件的審查 ………… (127)
5.2 雙重審查模式下善意標準的適用 …………………………… (128)
5.2.1 善意標準與「信息」「程序」審查的銜接 …………… (128)
5.2.2 善意的適用務必兼顧客觀標準 ………………………… (131)
5.2.3 將善意作為引入商業判斷規則的一種途徑 …………… (132)
5.3 雙重審查模式的其他適用要點 ……………………………… (134)
5.3.1 遵循事前審查原則 ……………………………………… (134)
5.3.2 恪守個案審查原則 ……………………………………… (136)
5.3.3 原告方承擔舉證責任 …………………………………… (137)
5.4 中國董事注意義務認定模式再造的實現路徑 ……………… (139)
5.4.1 法律對決策與監督的注意義務類型進行成文規定 …… (139)
5.4.2 司法解釋對「信息」和「程序」的審查作出解釋…… (139)
5.4.3 案例指導制度體現善意的判斷標準 …………………… (140)

6 結語 ………………………………………………………………… (142)

參考文獻 ……………………………………………………………… (143)

附錄 …………………………………………………………………… (152)

後記 …………………………………………………………………… (160)

0　導論

0.1　問題的提出及研究意義

公司董事作為股東的受託人（fiduciary），其一，不得利用董事的職權與地位侵害公司和股東的應有利益、不得將自己的個人利益凌駕於公司利益之上；其二，董事應當盡其所能地、審慎勤勉地履行其應盡的公司職責。前者通常被稱為忠實義務（duty of loyalty），後者通常被稱為注意義務（duty of care）。忠實義務強調的是委託人與受託人之間的利益衝突關係，而注意義務強調的是受託人應有的工作態度和行為方式[①]。相對於粗心大意的不謹慎行為而言，法院更加容易識別與利益衝突有關的「一次性盜用行為」，因為相應的質詢和錯誤的成本相對較低[②]。因此，注意義務相較於忠實義務具有更加難以準確把握的特點，故而注意義務在司法實踐中的認定一直是一個棘手的難題。

然而，中國目前在法律層面，僅有《中華人民共和國公司法》（以下簡稱《公司法》）第 147 條對勤勉義務作出概括性規定，《公司法》第 48 條、第 112 條、第 150 條對董事出席董事會會議的勤勉義務作出零散規定。雖然，在部門規章（證監會頒布的《上市公司治理準則》）和自治規則（上交所、深交所的「上市規則」和「上市公司董事行為指引」）層面有相關的董事行為細則，但是上述部門規章和自治規則具有很強的適用局限性與針對性，即主要對上市公司的董事進行行為指引與規範。更加重要的是，

[①] 張維迎. 理解公司：產權、激勵與治理 [M]. 上海：世紀出版集團，上海人民出版社，2014：327.

[②] 弗蘭克・伊斯特布魯克，丹尼爾・費希爾. 公司法的經濟結構 [M]. 羅培新，張建偉，譯. 北京：北京大學出版社，2014：104.

上述規則並沒有對董事的注意義務作出具有可操作性的司法審查指引與司法認定標準，也沒有對董事的注意義務進行了較為詳盡的類型化要求，董事注意義務的邊界與免責模糊不清。

由於中國董事注意義務在規範性文件層面具有諸多不足，導致中國董事注意義務司法認定的操作實踐存在諸多問題。尤其是，中國法院對董事注意義務司法審查的機械化傾向嚴重，法院在審判實踐中多將法律規定與章程授予的職權責任作為主要的判斷依據，多以侵權責任的追責路徑作為主要的董事注意義務認定模式。如此既無法涵蓋複雜的公司治理實踐下與忠實義務無關的所有董事不當行為，也無法實現注意義務制度初衷從利益填補向激勵威懾的理念轉變。就此，如何使得中國董事注意義務的司法認定足以應對複雜的公司治理實踐，如何使得中國董事注意義務的司法認定凸顯注意義務的現代公司法機理，是我們亟待解決的問題。

上述中國立法與司法層面的缺陷，產生了對董事注意義務認定進行檢視與再造的必要性與現實意義。本書試圖通過借鑑美國判例法的經驗，對中國董事注意義務的審查認定進行一個基本的類型化探討，以使中國的董事注意義務認定清晰化、標準化、具體化。另外，本書擬借助判例與判例的比較、裁判思維與裁判思維的對照，總結出中國法院對董事注意義務案件裁判思維的不足，以期對中國法院的裁判路徑與認定模式提出改進意見。

0.2　文獻綜述

0.2.1　國內研究現狀

近年來，中國學者對於董事注意（勤勉）義務的研究主要集中於董事注意義務審查認定的原則性標準、董事注意義務的司法審查要素的改進、中國董事義務的「三分法」改革三個方面。除此之外，自 2010 年以後，中國學者對董事注意義務的研究逐漸從理論分析、理論建構向案例檢討、實證分析轉變，並在董事注意義務的實證分析方面累積了一定數量的研究成果。

0.2.1.1　董事注意義務審查認定的原則性標準

中國學者對董事注意義務審查認定的原則性標準的態度可大致分為兩類：折中標準和較為嚴苛的客觀標準。

第一，就折中標準而言，任自力（2008）[①] 在考察世界範圍內主要存在的四種勤勉義務認定標準的基礎上，認定中國應適當放寬對董事勤勉義務的要求，推行日本式的折中的嚴格勤勉標準。周林彬、官欣榮（2012）[②] 從經濟學的角度說明了程序導向的審查標準、美國式寬鬆的勤勉義務標準以及商業判斷規則的正當性，由此指出中國對勤勉義務的司法裁判也應以適中的勤勉標準為主、嚴格勤勉標準為輔。對於獨立董事，傅穹、曹理（2011）[③] 認為中國現行的結果導向式的獨立董事勤勉義務標準過於嚴苛，應當對獨立董事的責任予以限制，並建構獨立董事經營判斷規則的勤勉義務免責標準。

第二，就客觀標準而言，馬一德（2013）[④] 指出：董事的職權機制、監督機制、任免機制以及其所處的情境都是影響勤勉義務標準的重要因素，中國在建立董事勤勉義務裁判標準的過程中不能忽視中國股權較為集中的公司治理結構，故而中國適宜採用較為嚴苛的客觀為主、主觀為輔的勤勉義務標準。王建文、許飛劍（2012）[⑤] 與馬一德（2013）持相同態度，其不僅認為中國在立法層面的董事勤勉義務判斷標準應以客觀標準為主，輔之以特殊約定作為補充，而且其還建議擴大勤勉義務標準的適用範圍。由於董事注意義務與侵權法上的注意義務具有同質性，陳本寒、艾圍利（2011）[⑥] 便基於侵權法的視野提出，中國可採用「一個通常謹慎的人在處於類似職位和相似情形時所被合理預見的注意程度」的客觀化的注意義務標準。與此觀點相似，葉金強（2018）[⑦] 認為董事勤勉義務的判斷標準可採用一種理性人標準，通過理性商人知識和能力的具體化以及重述決策行為的商業背景，來判斷董事的決策行為是否具有過失。

此外，也有學者將客觀標準引入公司收購場景下目標公司董事的勤勉

---

① 任自力. 公司董事的勤勉義務標準研究［J］. 中國法學，2008（6）.
② 周林彬，官欣榮.《公司法》第 148 條第 1 款「勤勉義務」規定的司法裁判標準探析［M］//商事法論集：第 21 卷. 北京：法律出版社，2012：477-481.
③ 傅穹，曹理. 獨立董事勤勉義務邊界與免責路徑［J］. 社會科學，2011（12）.
④ 馬一德. 公司治理與董事勤勉義務的聯結機制［J］. 法學評論，2013（6）.
⑤ 王建文，許飛劍. 公司高管勤勉義務判斷標準的構造：外國經驗與中國方案［J］. 南京社會科學，2012（9）.
⑥ 陳本寒，艾圍利. 董事注意義務與董事過失研究［J］. 清華法學，2011（2）.
⑦ 葉金強. 董事違反勤勉義務判斷標準的具體化［J］. 比較法研究，2018（6）.

義務的判斷中。對此，鄭佳寧（2017）[1] 認為應當採用一種以職能權責為中心的評價標準，即通過董事是否盡到了職能權責所要求的行為義務、是否在職能權責範圍內行事等因素來綜合判定董事在面對收購時是否盡到了其應盡的勤勉義務。

0.2.1.2　董事注意義務的司法審查要素的改進

中國學者對董事注意義務司法審查要素的改進建議主要聚焦於以下三個方面：

第一，進一步細化了中國董事注意義務的司法審查要素。對此，張紅、石一峰（2013）[2] 提出，中國上市公司董事勤勉義務的判斷應以行為、主觀心理、客觀損失、關聯性為標準，並結合企業的規模及其經營範圍、企業的組織管理機構等基本要素。趙駿（2013）[3] 從行為經濟學的視角提出，中國應在《公司法》中細化董事勤勉義務的範圍、標準，以通過立法和司法裁判的形式釋放支持利他行為的社會信號，以激勵董事積極履行勤勉義務。王建文、許飛劍（2012）[4] 同樣也認為應當以司法解釋的形式對勤勉義務的內容予以細化。除上述觀點之外，陳本寒、艾圍利（2011）[5] 提議在司法解釋中借鑑英、美、法的經驗，增加「善意」「充分的知悉」等輔助證明董事盡到注意義務的判斷標準。

第二，對不同類別的董事設置不同的司法審查標準，並對董事和高管設置不同的司法審查標準。馬一德（2013）[6] 和趙駿（2013）[7] 均在其文獻中指出：應當針對不同的董事類別設置不同的注意義務判斷標準和審查要素。此外，樊雲慧（2014）[8] 還提出對董事和高管設置不同的司法審查標準：兼任公司高管的董事的注意義務應區別於獨立董事的注意義務。

---

[1] 鄭佳寧. 目標公司董事信義義務客觀標準之構建［J］. 東方法學, 2017（4）.

[2] 張紅, 石一峰. 上市公司董事勤勉義務的司法裁判標準［J］. 東方法學, 2013（1）.

[3] 趙駿. 董事勤勉義務研究：從域外理論到中國實踐——以行為法經濟學為視角［J］. 浙江學刊, 2013（2）.

[4] 王建文, 許飛劍. 公司高管勤勉義務判斷標準的構造：外國經驗與中國方案［J］. 南京社會科學, 2012（9）.

[5] 陳本寒, 艾圍利. 董事注意義務與董事過失研究［J］. 清華法學, 2011（2）.

[6] 馬一德. 公司治理與董事勤勉義務的聯結機制［J］. 法學評論, 2013（6）.

[7] 趙駿. 董事勤勉義務研究：從域外理論到中國實踐——以行為法經濟學為視角［J］. 浙江學刊, 2013（2）.

[8] 樊雲慧. 公司高管義務與董事義務一致嗎？［J］. 環球法律評論, 2014（1）.

第三，授權公司以章程的形式對董事注意義務的責任要素進行約定。任自力（2008）[①] 建議：應當允許公司在章程中約定董事的責任限額、約定董事責任的認定標準。對此更進一步的觀點是，可以授權公司根據自身的具體情況限制或者免除董事因違反勤勉義務而形成的損害賠償責任（王豔梅、祝雅檸，2019）[②]。林少偉（2015）[③] 認識到了代表董事的出現將對傳統的董事義務理論提出嚴峻的挑戰，從而建議將董事信義義務的強制性規範屬性修改為缺省性規範，允許公司以章程的形式對信義義務作出特別約定。

0.2.1.3 中國董事義務的「三分法」改革

受美國公司法司法審判實踐以及學術界的影響，中國學者在 2010 年前後提出中國信義義務應從原有的忠實義務、勤勉義務「兩分法」擴展至包含誠信（good faith）義務在內的「三分法」，以應對中國當下公司董事的問責困境。

第一，董事義務制度從「兩分法」向「三分法」轉變的現實必要性。首先，董事可能因互惠、群體思維等心理因素而形成結構性偏見（朱羿錕，2010）[④]。其次，金融創新倒逼董事義務制度改革，進而產生了將董事信義義務從忠實義務、勤勉義務擴展至忠實義務、勤勉義務、誠信義務三分法的現實必要性（李安安，2012）[⑤]。

第二，誠信義務所能發揮的具體效用。董事義務制度從「兩分法」向「三分法」轉變可以填補忠實義務與注意義務的問責空隙，誠信義務可以適用於傳統的忠實義務無法調整規制但董事的行為明顯地違反了董事行為要求的荒謬無理、異常惡劣的不當行為（任自力，2007[⑥]；朱羿錕，2012[⑦]）。

[①] 任自力．公司董事的勤勉義務標準研究 [J]．中國法學，2008（6）．
[②] 王豔梅，祝雅檸．論董事違反信義義務賠償責任範圍的界定 [J]．北方法學，2019（2）．
[③] 林少偉．董事異質化對傳統董事義務規則的衝擊及其法律應對 [J]．中外法學，2015（3）．
[④] 朱羿錕．董事會結構性偏見的心理學機理及問責路徑 [J]．法學研究，2010（3）．
[⑤] 李安安．金融創新與董事信義義務的重塑 [J]．證券法苑，2012（7）．
[⑥] 任自力．美國公司董事誠信義務研究 [J]．比較法研究，2007（2）．
[⑦] 朱羿錕．論董事問責標準的三元化 [M] //商事法論集：第 21 卷．北京：法律出版社，2012：565．

第三，誠信義務的司法認定及其所包含的具體情形。誠信義務的司法審查標準在於實體合理性，而該合理性是處於完全公平與尊重董事決策之間的合理區間範圍（朱羿錕，2010）[1]。對於誠信義務的基本情形，朱羿錕（2008）[2]認為，誠信義務應當包含董事故意採取使公司違法的行為與決策等情形。

值得提出的是，雖然上述學者讚同信義義務的「三分法」結構，但是依然有學者指出應當對誠信（good faith）保持謹慎理性的態度。比如，梁爽（2016）[3]在梳理美國誠信義務「三分法」到「兩分法」的歷史後指出：對於仍未確立商業判斷規則的中國而言，在引入董事信義義務「誠信」概念的問題上應當保持克制與謹慎。

0.2.1.4 董事注意（勤勉）義務的實證研究

在2010年以後，中國學者開始對董事注意義務的司法審判實踐進行檢討與反思。通過判決書的實證分析，學者們對於董事注意義務在實踐中的認定發現了如下基本現象：

第一，法院對董事注意義務的認定機械化、單一化。王軍（2011）[4]發現：多數判決幾乎將經營者的勤勉義務簡化為守法義務。張紅、石一峰（2013）[5]也同樣發現，中國對於違反董事勤勉義務的標準是比較單一的，即職責違反說，並且採取的是嚴格責任。與上述發現相似的還有，樓建波等（2012）[6]發現，北京市法院對勤勉義務的審判標準審查要求過於寬鬆、原告的舉證責任過於繁重。

第二，中國法院對於勤勉義務案件的裁判說理過程過於簡約，並且法院的裁判路徑採用過錯侵權責任的邏輯進路（羅培新等，2010）[7]。即便部分法院在判決書中進行了概念釋義，但依然沒有對判決理由進行必要的論

---

[1] 朱羿錕. 董事會結構性偏見的心理學機理及問責路徑［J］. 法學研究，2010（3）.
[2] 朱羿錕. 論董事問責的誠信路徑［J］. 中國法學，2008（3）.
[3] 梁爽. 董事信義義務結構重組及對中國模式的反思［J］. 中外法學，2016（1）.
[4] 王軍. 公司經營者忠實和勤勉義務訴訟研究［J］. 北方法學，2011（4）.
[5] 張紅，石一峰. 上市公司董事勤勉義務的司法裁判標準［J］. 東方法學，2013（1）.
[6] 樓建波，等. 公司法中董事、監事、高管人員信義義務的法律適用研究［M］//商事法論集：第21卷. 北京：法律出版社，2012：551.
[7] 羅培新，等. 中國公司高管勤勉義務之司法裁量的實證分析［J］. 證券法苑，2010（3）：402.

證與推理（王軍，2011）[①]。

第三，中國法院對董事注意義務的司法判斷標準不一。周天舒（2014）[②]發現，浙江省高院所採納的標準與英國《公司法》適用的標準相似，而淳安縣法院則採取了美國式的責任認定方式，即各法院對勤勉義務的審查標準不一。

0.2.2 國外研究現狀

國外學者（尤其是美國學者）對董事注意義務的研究視角與研究理路與中國學者有所不同。中國學者的研究視角多集中於董事注意義務的制度建設如何進行，以及對已有制度進行檢討與改造。然而，國外學者對董事注意義務的探討與爭論多源自法院的某標誌性判決或者某立法事件。比如，自 Aronson V. Lewis（1984）一案首次提出商業判斷規則（business judgment rule）的基本含義之後，學界便對商業判斷規則的理性來源及其適用展開討論；又如，在 Smith V. Van Gorkom（1985）案件之後，《特拉華州普通公司法》修訂增加 102（b）（7）免責條款，自此公司可以以章程的形式免除董事的注意義務責任，這引發了學界對注意義務發展趨向的擔憂；再如，從 Cede & Co. V. Technicolor, Inc.（1993）案件的信義義務「三分法」到 Stone V. Ritter（2006）案件迴歸到「兩分法」，再加之安然、世通等一系列公司醜聞事件，引發了美國學界關於信義義務「三分法」與「兩分法」的熱烈討論；還如，Disney（2005）案件對「善意」（good faith）的首次闡釋也引發了學界對「善意」的關注。綜合以上所述，近年來，國外學界的研究視角主要聚焦於如下幾個方面：注意義務中商業判斷規則的適用；注意義務的發展趨向；「三分法」與「兩分法」之爭；「善意」話題的探討。

0.2.2.1 注意義務中商業判斷規則的適用

商業判斷規則被視為支持公司管理層決策行為的假定，在滿足某些條件的情況下，法院不再對董事的行為與決策進行完全公平審查（entire fairness review），從而董事們的行為將會受到該「安全港」的保護，

[①] 王軍. 公司經營者忠實和勤勉義務訴訟研究 [J]. 北方法學，2011 (4).
[②] 周天舒. 論董事勤勉義務的判斷標準——基於浙江省兩個案例的考察 [J]. 法學雜誌，2014 (10).

（Douglas M. Branson，2002）[1]，這可以說是一種限制法院審查權力的一個工具（Bernard S. Sharfman，2017）[2]。

對於商業判斷規則的理論依據，Lyman Johnson（2013）[3] 認為有三：第一，在特拉華州公司法下，公司的商業運行事務全權委託給公司董事會，是「董事會中心主義」下的必然產物；第二，為了鼓勵更多有能力的人成為董事會成員，並調整董事對風險的態度，以避免董事因商業風險而頻遭訴訟；第三，法官不是商業專家，而由股東所選舉出的董事也不是法官，因而法院在審查董事行為與決策時應當保持最大的克制。而Stephen M. Bainbridge（2004）[4] 則從商業風險和事後偏見的心理學角度說明商業判斷規則的理性來源：第一，雖然經濟學通常認為股東是風險規避型的，但是理性的股東完全可以通過有限責任、風險投資組合來分散投資風險，因而從某種程度上講，股東更希望董事的決策更具風險性，因為這樣可以帶來更為可觀的收益與回報；第二，決策者通常會因為決策後果的已經發生，而將一個概率性事件誤認為一個出現錯誤的可能性極高的事件，因此法官通常會因為原告的損失而認定董事行為與決策的錯誤性，而無法真正地辨別董事過失與否。

Douglas M. Branson（2002）[5] 認為商業判斷規則的適用條件包括：必須存在董事決策或判斷、該董事決策或判斷必須處於充分知悉之上、不存在使交易或行為無效的利益衝突、決策存在合理性基礎、無處不在的善意要求。

0.2.2.2 注意義務的發展趨向

由於修正後的《特拉華普通公司法》102（b）(7) 條款允許公司以章程的形式免除董事的注意義務，此舉引發了學者們對注意義務存在價值的

---

[1] Douglas M. Branson, The Rule That Isn't A Rule - the Business Judgment Rule, 36 Valparaiso University Law Review 631, 632（2002）.

[2] Bernard S. Sharfman, The Importance of the Business Judgment Rule, 14 NYU Journal of Law & Business 27, 27-28（2017）.

[3] Lyman Johnson, Unsettledness in Delaware Corporate Law: Business Judgment Rule, Corporate Purpose, 38 Delaware Journal of Corporate Law 405, 412（2013）.

[4] Stephen M. Bainbridge, The Business Judgment Rule as Abstention Doctrine, 57 Vanderbilt Law Review 83, 114（2004）.

[5] Douglas M. Branson, The Rule That Isn't A Rule - the Business Judgment Rule, 36 Valparaiso University Law Review 631, 639-645（2002）.

質疑。比如，Christopher M. Bruner（2013）① 提出，由於注意義務旨在通過將放鬆司法介入的姿態以商業判斷規則的方式促使企業承擔商業風險，所以司法實踐很少適用注意義務，如果將注意義務與忠實義務兩個不同情形的義務一同歸入信義義務，會導致注意義務的過分適用。而 Larry E. Ribstein（2011）② 則更加直接地指出，只有避免利益衝突的受託人責任才是真正的唯一的信義義務，利益衝突比過失或者損害利益更好認定，因此法院有能力並可以正確地認定忠實義務，但注意義務的認定只能停留在紙質層面③。

對於如上觀點，Julian Velasco（2015）④ 持反對態度。首先，針對 Christopher M. Bruner（2013）的觀點，其指出，注意義務在實踐中一直以來都是被克制適用的，唯一的一個案例（Smith V. Van Gorkom 案）也最終被允許章程免除董事責任的法律規定而被推翻，因而其並不存在被過分適用的可能。另外，注意義務是公司法建立已久的傳統規則；雖然特拉華州普通公司法 102（b）(7) 條對注意義務的威懾有限製作用，但注意義務依然存在激勵董事進行良好公司治理的效用；忠實義務在實際執行中越來越寬鬆，其並沒有涵蓋所有的利益衝突情形；就信義關係的本質而言，信義關係自然包括了注意義務。Stephen J. Lubben 和 Alana Darnel（2006）⑤ 對注意義務在司法實踐中的逐漸消亡同樣持反對態度，其認為，特拉華州法院為了規避 102（b）(7) 條款，而將本該用傳統的注意義務解決的案件用忠實義務或者其他義務形式解決，這將混亂已有的信義義務分析框架，進而

---

① Christopher M. Bruner, Is the Corporate Director's Duty of Care a「Fiduciary」Duty? Does it Matter?, 48 Wake Forest Law Review 1027, 1029 (2013).

② Larry E. Ribstein, Fencing Fiduciary Duties, 91 Boston University Law Review 899, 901, n.7 (2011).

③ 其實，美國學界同樣也有學者認為忠實義務在實踐運行過程中存在弱化的趨向，就以忠實義務中的獨立性審查為例，董事的獨立性在理論上是指董事不會因某筆交易而受經濟利益驅使以致危害公司和股東的利益，但實踐中法院卻多將其轉變為董事決策是否直接受他人控制的司法審查。See Julian Velasco, The Diminishing Duty of Loyalty, 75 Washington and Lee Law Review 1035, 1070-1072 (2018).

④ Julian Velasco, A Defense of the Corporate Law Duty of Care, 40 Journal of Corporation Law 647, 683-692 (2015).

⑤ Stephen J. Lubben & Alana Darnell, Delaware's Duty of Care, 31 Delaware Journal of Corporate Law 589, 619-627 (2006).

建議特拉華州法院重新拾回傳統的注意義務以保留兩種董事信義義務不同的角色功能。

此外，有學者通過對注意義務進行擴大化解釋的方法防止注意義務的消亡。比如，Lyman Johnson（1999）[①] 指出，注意義務是涵蓋忠實義務的基礎性義務，其認為注意義務至少應當存在三層含義：董事必須對公司的商業運行事務保持注意、董事必須對公司和股東的利益盡到注意而非對董事自己及其他任何主體的利益予以關注、董事必須以謹慎的方式行事，其中第二層含義是董事忠實義務的基礎。還有學者提出更改102（b）（7）免責條款的建議，以恢復注意義務原有的責任功能。比如 Elizabeth A. Nowicki（2008）[②] 提出：由於102（b）（7）免責條款完全免除了董事的注意與作為義務，從而無法對董事的疏忽與懈怠行為予以有效規制，因而102（b）（7）應當修改為責任限制性條款，僅僅免除法定數額以上的注意義務責任，若因董事的疏忽與懈怠行為導致的賠償責任在法定數額以下，依然應當承擔注意義務的個人責任。

0.2.2.3　美國學界的「三分法」與「兩分法」之爭

第一，信義義務「三分法」學說。在2002年安然、世通等一系列醜聞事件之後，部分學者提出在將信義義務劃分為忠實義務、注意義務和善意（good faith）義務三類，以應對新形勢下董事、高管的信任危機。其認為增加善意義務的理由主要存在於如下兩個方面：

首先，傳統的注意義務和忠實義務並不能涵蓋所有的管理者不當行為。比如，Claire A. Hill 和 Brett H. McDonnell（2007）[③] 便認為，「結構性偏見」——董事與高管或控制股東的親密關係——這一類型的案件既沒有違反傳統的忠實義務，注意義務似乎也不能適用於這類案例，從而應將善意

[①] Lyman Johnson, Rethinking Judicial Review of Director Care, 24 Delaware Journal of Corporate Law 787, 808-809（1999）.

[②] Elizabeth A. Nowicki, Director Inattention and Director Protection Under Delaware General Corporation Law Section 102（b）（7）: A Proposal for Legislative Reform, 33 Delaware Journal of Corporate Law 695, 712（2008）.

[③] Claire A. Hill & Brett H. McDonnell, Disney, Good Faith, and Structural Bias, 32 Journal of Corporation Law 833, 833（2007）.

義務獨立以解決「結構性偏見」的問題。Melvin A. Eisenberg（2006）① 同樣也支持採用「三分法」，其認為傳統的忠實義務和注意義務並不能涵蓋所有的管理者不當行為，並且特拉華州的各種公司法規則限制了對管理者的問責，所以將善意義務獨立化具有其期待性與合理性。

其次，誠信義務獨立化具有合理的經濟效率。在安然、世通等公司醜聞的背景下，有必要將善意義務予以獨立，該善意義務有利於形成效率型公司治理的激勵，並阻止與此（即安然等醜聞事件）類似的受託人懈怠職責案件的發生（Hillary A. Sale, 2004）②。

第二，堅持傳統的信義義務「兩分法」的觀點。面對顛覆傳統公司法信義義務結構的「三分法」學說，多數學者對此持不同意見，即認為傳統的「兩分法」才是合理可行的選擇。堅持「兩分法」的理由主要如下：善意義務的獨立會威脅到特拉華州法院長期以來堅持的公司治理理念——即尊重公司決策與對董事濫用授權進行追責之間達到平衡，換言之，善意義務的獨立將會加重董事的責任風險，從而打擊公司管理層的創新冒險精神（Stephen M. Bainbridge, 2008）③，而「兩分法」則可以降低信息成本，為董事及其合作提供了更好地指引，並在公司運行者、投資者與交易雙方之間促成一個更有效率的信任機制（Andrew S. Gold, 2009）④。

第三，除「三分法」「兩分法」之外的其他觀點。除了主流學界所關注的信義義務「三分法」「兩分法」之外，Julian Velasco（2010）⑤ 提出：公司管理層根本的信義義務就只有一個——追求公司股東的利益最大化，但其可分為五個不同的核心義務。它們分別是：注意義務要求董事追求公司和股東的最大利益時必須謹慎小心；忠實義務要求無利益關係；客觀義務要求（即便存在結構性偏見的情況下）決策必須合理；誠信義務要求沒有

---

① Melvin A. Eisenberg, The Duty of Good Faith in Corporate Law, 31 Delaware Journal of Corporate Law 1, 5-6 (2006).

② Hillary A. Sale, Delaware's Good Faith, 89 Cornell Law Review 456, 462 (2004).

③ Stephen M. Bainbridge, The Convergence of Good Faith and Oversight, 55 UCLA Law Review 559, 567 (2008).

④ Andrew S. Gold, The New Concept of Loyalty in Corporate Law, 43 U. C. Davis Law Review 457, 464 (2009).

⑤ Julian Velasco, How Many Fiduciary Duties are There in Corporate Law?, 83 Southern California Law Review 1231, 1301 (2010).

不當行為；理性義務要求理性決策（沒有「揮霍浪費」行為）。但是，Nicholas D. Mozal（2014）[1] 對 Julian Velasco（2010）的觀點進行了反駁，其認為將信義義務複雜化不利於法律對社會主體行為引導功能的實現，公司法僅將信義義務濃縮為兩個部分就是為了將信義義務的觀念輸送給董事們，以激勵董事自覺遵守信義義務規範，並在每個董事都遵守信義義務規則的基礎上逐漸形成相關社會規範，而信義義務的複雜化使這一功能無法實現，因複雜化的信義義務只有經過法律人士的專業解讀才能實現傳遞，從而複雜化對傳遞形成了障礙。

0.2.2.4 善意（good faith）話題的探討

第一，善意話題的緣起。善意話題的緣起與國家的政治經濟環境的變化密切相關，聯邦對公司治理領域的監管歷史發展深深地影響著善意概念的發展（Renee M. Jones, 2011）[2]。善意可被視為一種語言工具，法院創設出善意這種語言工具是為了實現對董事不當行為的責任追究，以回應近年來發生的一系列公司治理醜聞事件，以及聯邦立法權介入公司監管和公司搬遷等多方面的外部壓力（Sean J. Griffith, 2005）[3]。這是因為：善意的違反既不能得到商業判斷規則的保護，也不能如注意義務一樣基於公司章程而豁免責任，因此法院可以順利地實現對董事的追責（Peter C. Kostant, 2011[4]; Edwin W. Hecker, 2013[5]）。

第二，善意的基本內涵。首先，較多學者認為其實「善意」的基本內涵就是董事必須為公司利益最大化行事，以符合股東和公司投資者的合理

---

[1] Nicholas D. Mozal, Why the Delaware Courts Express Two, and Only Two, Fiduciary Duties: a Response to How Many Fiduciary Duties are There in Corporate Law?, 87 Southern California Law Review Postscript 156, 157 (2014).

[2] Renee M. Jones, The Role of Good Faith in Delaware: How Open Ended Standards Help Delaware Preserve its Edge, 55 New York Law School Law Review 499, 502 (2011).

[3] Sean J. Griffith, Good Faith Business Judgment: a Theory of Rhetoric in Corporate Law Jurisprudence, 55 Duke Law Journal 1, 2 (2005).

[4] Peter C. Kostant, Meaningful Good Faith: Managerial Motives And The Duty To Obey The Law, 55 New York Law School Law Review 421, 426 (2011).

[5] Edwin W. Hecker, Jr., Fiduciary Duties in Business Entities Revisited, 61 University of Kansas Law Review 923, 948 (2013).

期待。比如，Elizabeth A. Nowicki（2007）[①] 對其他領域（如布萊克法律辭典、信託法、保險法等）的善意的考察總結出：善意義務人被要求真誠地試圖去做被（股東）允許做的事，並以被允許的方式去履行其善意義務，善意在董事責任領域可被合理地總結為董事必須為公司利益最大化行事，以符合股東和公司投資者的合理期待。在此之後，Mark J. Loewenstein（2009）[②] 和 Andrew D. Appleby（2009）[③] 也指出，「善意」是對受託人（公司管理層）的首要要求，並且善意是混雜於忠實義務和注意義務之中的，如果善意意味著受託人必須以利益最大化的姿態服務於委託人，則忠實義務與注意義務就自然而然被包含其中。另外，Andrew D. Appleby 還指出，如果特拉華州法院只創造一個信義義務——善意義務，就可以很容易地解決善意在注意義務和忠實義務中的定位問題，進而順利解決《特拉華州普通公司法》102（b）（7）條和 Stone V. Ritter 案件所遺留的法律解釋適用難題。

其次，善意所包含的具體情形。Melvin A. Eisenberg（2006）[④] 認為，公司法中的善意義務主要包括四個要素：主觀誠信；不違反被普遍接受的商業正當行為準則；不違反被普遍接受的基本公司規範；恪盡職守。

0.2.3 國內外研究現狀述評

就國內研究現狀而言，值得肯定的是，中國在董事注意（勤勉）義務的審查判斷標準方面即便意見不統一，但依舊取得了大量的研究成果，並累積了較多的注意義務審查判斷的改進建議。同時，中國學者近年來也對董事注意義務的司法審判實踐進行了一定的實證經驗研究，發現了中國在司法實踐層面的問題與不足，也提出了改進建議。但是，上述研究的共同

[①] Elizabeth A. Nowicki, A Director's Good Faith, 55 Buffalo Law Review 457, 525-526（2007）.

[②] Mark J. Loewenstein, The Diverging Meaning of Good Faith, 34 Delaware Journal of Corporate Law 433, 443-444（2009）.

[③] Andrew D. Appleby & Matthew D. Montaigne, Three's Company: Stone V. Ritter and the Improper Characterization of Good Faith in the Fiduciary Duty「Triad」, 62 Arkansas Law Review 431, 470-471（2009）.

[④] Melvin A. Eisenberg, The Duty of Good Faith in Corporate Law, 31 Delaware Journal of Corporate Law 1, 22-25（2006）.

董事注意義務的司法認定：美國的經驗和中國的再造

缺陷就是，均以國外的成文法作為比較與經驗借鑑對象，從而導致提出的審查判斷標準建議過於抽象，可操作性、實踐性不足。

另外，中國在 2010 年前後也對善意（good faith）義務進行了一定的研究。值得肯定的是，此類研究成果建議將善意的問責路徑引入中國，對中國公司實踐中無法解決的董事違反信義義務案件提供了一個解決之道，並試圖將誠信義務予以客觀化進而提出故意使公司違法、濫用職權等一系列違反誠信義務的行為。然而，這類研究成果的不足之處在於：第一，由於時間因素，上述研究成果對美國近年來的判決和研究成果反應不夠；第二，上述研究成果對違反善意的所謂的客觀化行為僅僅是單純的較為籠統列舉，可操作性較為欠缺，善意標準的邊界很不明確。比如，朱羿錕（2008）提到的「嚴重失職」「濫用職權」等情形，但何種情況才構成嚴重失職或者濫用職權，其並沒有特別說明，然而，若以案例的方式進行類型化的探討就可以在操作性層面上更進一步。

就國外研究現狀而言，國外學者的研究視角與研究成果值得我們借鑑學習。同時，美國特拉華州法院的審判經驗，對中國法院注意義務案件的審判具有較大的借鑑價值。但需注意的是，中國無論是借鑑國外學者的研究視角和研究成果，抑或是借鑑美國法院的審判經驗，均應當特別注意結合中國的立法和司法實踐。比如，美國之所以會基於善意而出現信義義務「三分法」和「兩分法」的爭論，其根本原因在於特拉華州普通公司法 102（b）(7) 注意義務免責條款和一系列公司醜聞事件。特拉華州法院欲實現對不存在利益衝突而又極其惡劣的董事不當行為的追責，也就只得通過善意這條路徑，其抑或將善意予以獨立，抑或在「兩分法」的視野下將善意融入忠實義務之中。但是，就中國而言，一方面，中國《公司法》並不允許公司以章程的形式免除董事或者高管的注意（勤勉）義務；另一方面，中國並不存在美國式的立法體制和司法環境，從而中國法院也無須對公司搬遷等非法律外部壓力做出制度回應。因此，中國並不存在將善意獨立或者將善意歸入忠實義務的立法性和司法性的歷史根源。對於善意的含義及其歸屬的問題也就完全沒有必要照搬美國經驗，將善意擴充至忠實義務之中，而應當遵從善意的本質意涵，將其視為忠實義務和注意義務的共屬要素。

0.3 研究方法

0.3.1 比較研究的方法

為了清晰地比較同一類型問題下的不同解決方案,「人們就必須一同考慮那些具有決定意義的規則由立法者或者法院判決怎樣創制和發展的過程,以及它們在實踐中是怎樣貫徹執行的」[①]。本書採用了此種「微觀比較」的方法,將美國司法實踐中注意義務案件的判例法經驗與中國司法實踐中注意義務的判例進行對比分析,比較美國與中國法院的裁判思維、比較美國與中國法院在注意義務案件中的關注焦點、比較美國與中國對董事注意義務個人責任的追責路徑,從而發現中、美兩國在司法實踐中對待注意義務的差異,從而在明晰差異的基礎上,提出中國應當如何對董事注意義務的司法認定模式予以改造,以使得中國的注意義務案件的審判更加趨於合理。

0.3.2 案例分析的方法

本書進行比較研究的對象為中國與美國兩國的實踐案例。本書收集了美國特拉華州、加利福尼亞州、伊利諾伊州等州法院和聯邦地區法院的25個案例進行詳細剖析,並對中、美兩國的案例進行具體的類型化比較。通過對同一類型案件的對比與剖析,得以明晰中國與美國法院在審判時所採用的責任標準的差異、審查模式的差異、審查視角的差異、關注焦點的差異、分析與裁判說理路徑的差異,而上述對比結論可以為中國改造現行的注意義務審查模式提供極具價值的參考資料。

0.3.3 歷史分析的方法

本書在第二章的第二節對美國特拉華州為何將善意歸入忠實義務中進行分析時,採用了歷史分析的方法。本書通過文獻資料的查閱發現,美國特拉華州最高法院將善意歸入忠實義務有其深刻的歷史緣由。特拉華州最

---

① K. 茨威格特, H. 克茨. 比較法總論 [M]. 潘漢典,等譯. 北京:法律出版社, 2003:7-8.

高法院將善意歸入忠實義務，是歷史上的法律事實與近年來的公司治理市場環境共同造就的歷史性結果，並非是善意其本就應當專屬於忠實義務的邏輯結果。因此，本書提出，中國在注意義務司法認定中借鑑善意這一要素時，不應當完全照搬美國式的忠實義務擴張的路徑，而應當將善意迴歸到其應有的含義之中，將善意作為忠實義務與注意義務的共同要素予以對待。

0.4 研究路徑及邏輯結構

本書所圍繞的中心議題是：中國董事注意義務的認定與審查在目前的司法運行中存在何種問題與不足，而針對這些問題與不足，我們應對董事注意義務司法認定的思維與模式進行怎樣的改造。

本書採用如下結構安排：

第一部分，通過司法案例對中國董事注意義務司法認定的現實運作進行梳理。一方面，發現中國的董事注意義務案件在宏觀上有何種數據特徵；另一方面，發現中國法院目前對於注意義務案件的審理存在哪些特點。在案件梳理並對其內在特徵進行挖掘後，總結出中國的注意義務的司法案件存在哪些問題與不足，並試圖對所發現的問題與不足進行原因歸結。

第二部分，在發現中國董事注意義務的司法認定存在的問題與不足，並對問題原因進行總結之後，本書提出以美國判例法作為借鑑路徑，以對中國董事注意義務司法認定的改造有所啟迪。該部分提出兩個借鑑要點：其一，美國法院對於董事注意義務的分類，以及每個義務類型下法院的關注焦點；其二，美國法院對於善意要素的司法適用。同時，分析該兩個借鑑要點對於解決中國問題有何積極意義。

第三部分和第四部分，對兩個經驗借鑑要點予以具體剖析與闡述。第三部分對董事注意義務中的決策類義務進行剖析，分析美國法院在該類注意義務中的關注焦點，並對善意在上述關注焦點中的具體適用進行總結，接著對中國法院的裁判思維與審理路徑與美國法院進行對比分析；同樣，第四部分對董事注意義務中的監督類義務進行剖析，闡述該類義務下美國法院的關注焦點，並對善意在上述關注焦點中的具體適用進行總結，接著

對中國法院的裁判思維與審理路徑與美國法院進行對比分析。

第五部分，對中國董事注意義務司法認定模式的再造予以分析，並提出建議。本部分提出，中國董事注意義務的司法認定可採用「信息」和「程序」的雙重審查模式，並結合董事注意義務下的決策類義務和監督類義務，對該雙重審查模式予以具體論述。同時，還對如何將善意適用到該審查模式中予以分析，並提出該審查模式下的其他司法適用要點。最後，提出實現該審查模式可能的實現路徑。

0.5　概念界定

第一，本書中的「注意義務」。董事注意義務（duty of care）又可稱作「謹慎義務」「勤勉義務」「善管義務」。比如，德國《公司法》要求董事應當「認真負責」「小心謹慎」地執行業務[1]。英國《公司法》第 174 條規定董事應當「行使合理謹慎、技能和勤勉的義務」[2]。《日本公司法典》雖未明確規定董事的注意義務抑或善管義務，但是其第 330 條規定公司與董事的關係遵循委任的規定[3]，因此董事的義務應當適用《日本民法典》第 644 條關於受任人善管義務的規定[4]。《韓國商法》第 382 條第 2 款將董事與公司之間的關係認定為委任關係，董事因此而對公司承擔善管義務[5]。通常採用「注意義務」概念的是美國公司法，在由美國法學會通過並頒布的《公司治理準則：分析與建議》和美國律師協會商法部公司法委員會擬訂的《公司董事指南》中，其均採用了「注意義務」的概念[6]。

---

[1]　格茨·懷克，克里斯蒂娜·溫德比西勒. 德國公司法 [M]. 殷盛，譯. 北京：法律出版社，2010：469-471.

[2]　英國 2006 年公司法 [M]. 葛偉軍，譯. 北京：法律出版社，2008：106.

[3]　日本公司法典 [M]. 吳建斌，等譯. 北京：中國法制出版社，2006：167.

[4]　日本民法典 [M]. 王書江，譯. 北京：中國法制出版社，2000：117.

[5]　鄭燦亨. 韓國公司法 [M]. 崔玉玊，譯. 上海：上海大學出版社，2011：318.

[6]　See Principles of Corporate Governance: Analysis and Recommendations § 4.01; See The Corporate Laws Committee, ABA Section of Business Law, Corporate Director's Guidebook -Sixth Edition, 66 Business Lawyer 975, 990 (2011).

董事注意義務的司法認定：美國的經驗和中國的再造

雖然注意義務與謹慎義務、勤勉義務、善管義務之間存在細微差別，但本書忽略這些細微差別，將董事注意義務與謹慎義務、勤勉義務、善管義務等概念予以等同①。本書將董事注意義務定義為：董事在履行其職責時應當盡到一個一般理性之人所應盡到的謹慎、小心、注意與勤勉，並以公司利益最大化的方式和信念履行其決策職能和監督職能。

第二，本書中的「善意」。善意（good faith）「在董事責任領域可被合理地總結為董事必須為公司利益最大化行事，以符合股東和公司投資者的合理期待而行事」②。而信義義務的制度初衷就是要求受託人（董事）以符合公司和股東最大利益的行為方式履行職責，一不得與公司發生利益衝突（忠實義務），二應當勤勉盡責地為公司謀取更大利益（注意義務）。因此，正是由於善意意味著受託人必須以利益最大化的姿態服務於委託人，所以忠實義務和注意義務就自然地被包含其中③。亦即，善意是對受託人的首要要求，是忠實義務與注意義務的附屬要素④。就此，一方面，本書中的善意被定義為要求董事以符合公司最大利益的方式行事；另一方面善意為忠實義務與注意義務的共屬要素，從而可以適用於本書所探討的注意義務司法認定之中。

此外，本書將「惡意」（bad faith）與「非善意」（not in good faith）予以等同。雖然有學者指出，惡意是指在不忠誠的動機和目的之上故意損害公司利益，而非善意是指未以公司和股東的最佳利益行事，因而二者並非

---

① 中國諸多學者同樣也將「注意義務」與「善管義務」「勤勉義務」「謹慎義務」以及「技能義務」予以等同。參見：朱慈蘊. 公司法原論 [M]. 北京：清華大學出版社，2011：325；甘培忠. 企業與公司法學 [M]. 北京：北京大學出版社，2014：265；範健，王建文. 公司法 [M]. 北京：法律出版社，2015：364；王軍. 中國公司法 [M]. 北京：高等教育出版社，2015：352；鄧峰. 普通公司法 [M]. 北京：中國人民大學出版社，2009：449-450；施天濤. 公司法論 [M]. 北京：法律出版社，2014：413.

② Elizabeth A. Nowicki, Director's Good Faith, 55 Buffalo Law Review 457, 525-526 (2007).

③ Mark J. Loewenstein, The Diverging Meaning of Good Faith, 34 Delaware Journal of Corporate Law 433, 444 (2009).

④ Andrew D. Appleby & Matthew D. Montaigne, Three's Company: Stone V. Ritter and the Improper Characterization of Good Faith in the Fiduciary Duty「Triad」, 62 Arkansas Law Review 431, 470-471 (2009).

同義語①。在筆者看來，前者指向於忠實義務的規制範疇，而後者傾向於注意義務的規制範疇，但由於本書完全在注意義務的範疇下討論善意，因此也就不存上述意義下的惡意與非善意之分，故本書將惡意與非善意等同，二者均表示董事未以公司利益最大化的方式行事。

① Elizabeth A. Nowicki, Not in Good Faith, 60 SMU Law Review 441, 461 (2007).

1 中國董事注意義務司法認定的現實運作及其問題檢視

對於董事的注意義務，中國現行《公司法》僅有第 147 條提到了「勤勉義務」這一概念，該法律規則因過於含糊籠統而根本無法對董事注意義務案件作出裁判指引。雖然，中國《公司法》第 48 條、第 112 條、第 150 條對董事出席董事會會議的勤勉義務作出零散規定，但是上述法律規則一方面僅存在對董事行為的指示意義，並不具有對董事違反注意義務案件的審判指導意義；另一方面其僅覆蓋董事出席董事會會議這一項義務要求，該義務要求僅是整個注意義務下數個行為要求之一。除此之外，中國沒有任何有關董事注意義務的司法解釋、指導案例。基於此種嚴峻的法律狀況，中國亟須對現有的董事注意義務司法案件進行審視與檢討，以求發現問題，從而更有針對性地解決問題。

1.1 中國董事注意義務的司法案件梳理

筆者在北大法寶網「司法案例」一欄進行高級檢索。檢索條件如下：設定案由「損害公司利益責任糾紛」；文書性質：判決書；審結期限 2006 年 1 月 1 日之後至今；全文關鍵詞：勤勉（精確）。最終，搜索結果顯示為 1,445 個，最後檢索時間為 2019 年 9 月 28 日。經篩選，與本書實質相關的案例共計 32 個。其餘與本書不存在實質關聯的案件主要為兩類：監事、高級管理人員違反注意義務的案件和董事、監事、高級管理人員違反忠實義務的案件（中國法院在很多信義義務案件中並沒有在判決書的措辭中明確區分忠實義務和勤勉義務）。

1.1.1 中國董事注意義務司法案件概覽

表 1.1 中國董事注意義務司法案件概覽

序號	案件字號	被告人身分	適用條款①	判決理由	判決結果
1	（2012）渝一中法民終字第 04533 號	董事長兼總經理	《公司法》第 147 條、第 149 條	公司與員工簽訂勞動合同不屬於被告的職責範圍，且被告不存在主觀過錯	駁回原告訴訟請求
2	（2018）院 03 民終 1942 號	董事長、法定代表人	《公司法》第 147 條、第 149 條	被告作為建設項目負責人在項目執行過程中未經安全評價即開工建設，使公司項目被責令停工並整改	部分支持原告訴訟請求
3	（2008）二中民終字第 03331 號	董事兼總經理	《公司法》第 147 條	被告未嚴格履行其職責	支持原告訴訟請求
4	（2010）浙商終字第 37 號	執行董事	《公司法》第 147 條第一款、第 149 條	被告未進行過有效的資產盤存，急於履行職責	部分支持原告訴訟請求
5	（2014）穗中法民二終字第 430 號	執行董事兼經理	《公司法》第 147 條	從合同條款和合同履行過程來看，被告在簽訂合同過程中並非未盡到勤勉義務	駁回原告訴訟請求
6	（2018）川 01 民終 18763 號	執行董事兼總經理	《公司法》第 147 條、第 149 條	公司納稅時未按稅法律規定繳納稅費以致被稅務機關罰款，被告作為公司事務的執行管理人未盡到責勤勉	支持原告訴訟請求
7	（2007）慈民二初字第 519 號	執行董事兼經理	《公司法》第 147 條	被告為賠償問題多次進行協商，說明被告為解決問題採取了積極的行動	駁回原告訴訟請求

① 筆者將所有案件中所適用的條款均按照依據 2013 年《公司法》中的案例為主。同時，為了對案件進行隱名化處理，本書僅保留案件字號，不保留案件名稱，後文在提到表 1.1 中的案件時，以序號指代。

表1.1（續）

序號	案件字號	被告人身分	適用條款	判決理由	判決結果
8	（2015）鄂恩施中民終字第00457號	董事、法定代表人	《公司法》第147條	被告在銷售經營活動中，合理地進行了信息搜集和調查分析，做到了謹慎判斷	駁回原告訴訟請求
9	（2008）滬一中民五（商）初字第181號	董事長、法定代表人	《公司法》第147條第一款、第149條	被告做出的決策符合公司即將解散的實際情況	駁回原告訴訟請求
10	（2019）蘇12民終1011號	執行董事	《公司法》第147條第一款	原告所訴稱的事實情形不足以證明被告違反勤勉義務	駁回原告訴訟請求
11	（2017）新31民終856號	董事長、法定代表人	《公司法》第148條、第149條	被告在任職期間長達兩年多的時間經稅務機關兩次催繳，仍不作為，致使被稅務機關罰款	支持原告訴訟請求
12	（2009）杭享商初字第1212號	執行董事兼總經理	《公司法》第147條、第152條	原告未舉證證明被告在經營中實施違法違章的行為損害股東財產利益	駁回原告訴訟請求
13	（2006）南川法民初字第538號	董事長和董事（被告為多數主體）	《公司法》第149條、第151條	被告在執行職務時進行了違法行為，且違法行為給公司帶來損害結果	支持原告訴訟請求
14	（2019）粵06民終490號	董事長、法定代表人	《公司法》第147條、第149條	公司未配合人民法院執行受到處罰與被告疏於管理、未盡勤勉義務有直接的因果關係	支持原告訴訟請求
15	（2013）甬鄞商初字第68號	執行董事兼經理	《公司法》第147條、第149條	被告不存在違反法律、行政法規和公司章程規定的行為	駁回原告訴訟請求
16	（2019）青民終92號	董事	《公司法》第147條、第151條	原告證據不足以證明原糧霉變、短少等問題應由被告承擔直接責任	駁回原告訴訟請求
17	（2014）閩民二（商）初字第948號	執行董事	《公司法》第147條、第148條、第149條	被告不存在主觀過錯，且被告並未違反法律和超越職權	駁回原告訴訟請求

表1.1（續）

序號	案件字號	被告人身分	適用條款	判決理由	判決結果
18	（2009）滬一中民三（商）終字第969號	公司營銷經理（但任相關期間代為履行執行董事職責）	《公司法》第147條第一款、第149條	被告在全面負責原告公司經營期間，僅以口頭協議的方式與相對方發生交易行為，沒有盡到合理注意	支持原告訴訟請求
19	（2017）滬0116民初5352號	執行董事	《公司法》第147條第一款、第149條	被告對合同簽訂、履行均不知情，且行為無明顯不當	駁回原告訴訟請求
20	（2016）粵民破70號	董事長和董事（被告為多數主體）	《公司法》第147條	董事急於向股東催繳出資與公司受到損失之間沒有因果關係	駁回原告訴訟請求
21	（2014）川民終字第667號	董事長和董事（被告為多數主體）	《公司法》第22條、第147條	董事的出售決策符合公司的實際狀況，不存在惡意與重大過失	駁回原告訴訟請求
22	（2013）宿中商初字第0140號	董事長	《公司法》第147條第一款	被告行為沒有違反公司章程的程序性規定，且其有合理理由相信其處分決策符合公司利益	駁回原告訴訟請求
23	（2014）簡陽民初字第1190號	董事兼財務總監	《公司法》第147條第一款、第149條	被告的行為違反了其應盡的勤勉義務，侵害了公司的利益	部分支持原告訴訟請求
24	（2017）蘇06民終1813號	董事長	《公司法》第147條第一款	原告未能舉證證明被告係出於惡意或未謹慎、勤勉地管理公司事務	駁回原告訴訟請求
25	（2014）亭商初字第0269號	執行董事、法定代表人	《民事訴訟證據若干規定》第2條、第9條	公司章程沒有明確被告的職責範圍包括停辦員工的社會保險	駁回原告訴訟請求

表1.1（續）

序號	案件字號	被告人身分	適用條款	判決理由	判決結果
26	（2013）南市民二終字第467號	董事長、法定代表人	《公司法》第147條第一款、第149條	被告明知由仲介人員代為簽名違反行政法規，卻放縱該行為的發生	支持原告訴訟請求
27	（2014）渝五中法民終字第1905636號	董事長、董事（被告為多數主體）	《公司法》第149條、第151條	被告對偷稅的違法事實負有責任	部分支持原告訴訟請求
28	（2014）蘇中商終字第0164號	董事長、法定代表人	《公司法》第147條	被告在審計結算工作中未盡到合理的注意與勤勉	支持原告訴訟請求
29	（2017）雲01民初1679號	執行董事	《公司法》第148條、第149條	原告所提交的證據無法證實被告有違反忠實、勤勉義務的行為	駁回原告訴訟請求
30	（2008）嘉民二初字第67號	董事長、董事（被告為多數主體）	《公司法》第149條	被告在未召開股東會、董事會的情況下擅自決定投資決策	支持原告訴訟請求
31	（2009）浙臺商終字第545號	執行董事、法定代表人	《公司法》第149條	被告不存在違反法律、行政法規和公司章程的行為	駁回原告訴訟請求
32	（2017）粵民再461號	執行董事、法定代表人	《公司法》第147條	被告簽訂和履行案涉合同關於履行公司章程賦予其職權的義務，且在履行合同過程中沒有違背忠實、勤勉義務的行為	駁回原告訴訟請求

1.1.2　中國董事注意義務司法案件的宏觀數據分析

第一，在上述 32 個案件中，支持原告訴訟請求（包含部分支持原告訴訟請求）的案件 13 個，駁回原告訴訟請求的案件 19 個（見圖 1.1）。

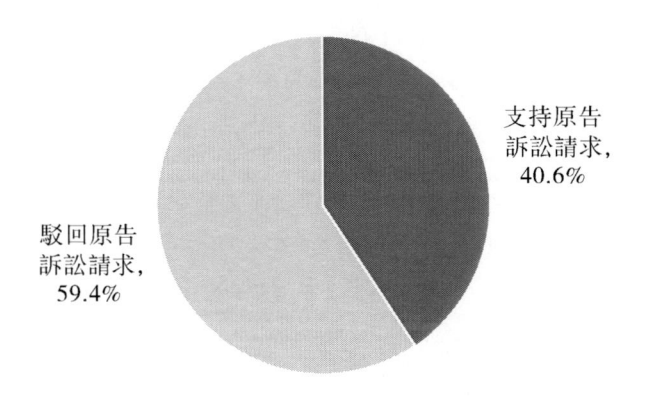

圖 1.1　支持/駁回訴訟請求的數據統計

在支持原告訴訟請求的案件中，因被告違反法律法規或者公司章程，以及因嚴重違反決策程序，而判決被告承擔個人責任的案件共計 9 個[①]；在支持原告訴訟請求的案件中，法院通過對被告董事決策時的特定情形予以積極認定，從而判決被告承擔個人責任的案件共計 4 個[②]。從此數據對比可看出，中國法院根據注意義務的違反而對董事予以追責的主要理由之一在於被告董事違反實體性法律規則或者違反公司章程所要求的程序性規則。不過，依然有 4 則案件根據案件當時的具體情境或者根據被告董事的個人知識水準和工作經驗對被告的決策行為進行了具體的實質性分析。比如在序號 28 這一則案件中，蘇州市中院就對被告沒有在協議期限內順利完成審計

[①] 這些案件包括：(2008) 嘉民二初字第 67 號、(2014) 渝五中法民終字第 05636 號、(2013) 南市民二終字第 467 號、(2014) 簡陽民初字第 1190 號、(2006) 南川法民初字第 538 號、(2008) 二中民終字第 03331 號、(2018) 川 01 民終 18763 號、(2017) 新 31 民終 856 號、(2019) 粵 06 民終 490 號。

[②] 這些案件包括：(2014) 蘇中商終字第 0164 號、(2009) 滬一中民三（商）終字第 969 號、(2010) 浙商終字第 37 號、(2018) 皖 03 民終 1942 號。

董事注意義務的司法認定：美國的經驗和中國的再造

工作進行實質認定，並且法院指出：如若被告因欠缺專業知識而無法準確判斷審計工作的進度，則其仍應當通過諮詢相關審計專業人員後再作出決策①。

在駁回原告訴訟請求的案件中，以被告不存在違反法律法規、公司章程以及不存在超越公司內部授予的職權範圍為由，判決被告不承擔注意義務責任的案件共計7個②；法院通過對被告董事決策時的特定情形予以積極認定，從而判決被告不承擔個人責任的案件共計7個③；此外，法院認定原告證據不足以證明被告董事存在違反注意義務的不當行為的案件共計5個④。此數據可以說明，法院依然將被告不存在違反法律法規或者違反章程授權的行為作為主要的判決理由之一，但法院依然在部分案件中對被告的行為根據案件的具體情節進行了實質性認定。比如在序號21這一則案件中，法院根據公司決策當時的資金狀況，再加之處置公司設備時正逢年底需要結清多項債務等因素，法院認定被告董事會所做出的決策盡到了審慎考慮，符合公司的最大利益，並未違反其對公司負有的勤勉謹慎義務⑤。

第二，在法律適用條款方面，法院在注意義務案件中所適用的法律條文主要是中國現行《公司法》第147條和第149條。其中，在上述32個案件中，適用中國現行《公司法》第147條共計26次、第149條共計19次、第148條3次、第151條2次、第152條1次、第22條1次，以及《民事訴訟證據若干規定》第2條、第9條1次（見圖1.2）。

---

① 參見（2014）蘇中商終字第0164號判決書。
② 這些案件包括：（2012）渝一中法民終字第04533號、（2013）甬鄞商初字第68號、（2014）閔民二（商）初字第948號、（2013）宿中商初字第0140號、（2014）亭商初字第0269號、（2009）浙臺商終字第545號、（2017）粵民再461號。
③ 這些案件包括：（2014）穗中法民二終字第430號、（2007）慈民二初字第519號、（2015）鄂恩施中民終字第00457號、（2008）滬一中民五（商）初字第181號、（2017）滬0116民初5352號、（2016）粵民破70號、（2014）川民終字第667號。
④ 這些案件包括：（2019）蘇12民終1011號、（2009）杭淳商初字第1212號、（2019）青民終92號、（2017）蘇06民終1813號、（2017）雲01民初1679號。
⑤ 參見（2014）川民終字第667號判決書。

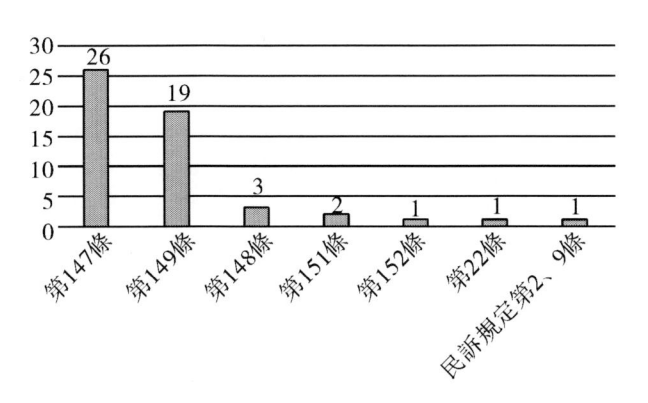

```
30 ┬ 26
25 ┤
20 ┤    19
15 ┤
10 ┤
 5 ┤         3
           2    1    1    1
 0 ┴───────────────────────
   第147條 第149條 第148條 第151條 第152條 第22條 民訴規定第2-9條
```

圖 1.2　法律適用條款頻次數據統計

　　從以上數據可看出，法院在對注意義務案件進行審理時所適用的法律條文，除了適用與注意義務、勤勉義務直接有關的《公司法》第 147 條，還大量地適用了《公司法》中董事在執行職務時違反法律法規和公司章程時對公司負有賠償責任的法律條文，即第 149 條。法院在注意義務案件中大量地適用此條文，筆者推測其可能的原因有二：其一，中國《公司法》並沒有明確規定董事違反注意義務應當向公司承擔賠償責任的條款，故法院只得通過引述《公司法》第 149 條來彌補此制度上的不足；其二，通過前文的數據統計可以發現，中國法院在審理注意義務案件時常常通過被告董事是否存在違反法律法規或者超越章程授權的行為來展開審理認定，而該適用法律條文的頻次數據似乎可以再次證實中國法院的此種裁判思路，即中國法院在注意義務案件的審理過程中，可能更多地將要求董事在公司決策與公司營運中盡到充分的深思熟慮與充分的盡職勤勉的注意義務，等同於或局限於董事的合規義務與越權行為。

　　第三，在上述 32 個案件中，共有 27 個案件以實體性的判決理由支撐判決結果，共有 5 個案件以程序性的判決理由支撐判決結果。亦即，在上述 32 個案件中，有 27 個案件均是根據原告和被告雙方所提供的證據對案件進行審查與判斷，並最終在證據確鑿的基礎上以實體性的判決理由作出判決結果，而僅有 5 個案件以原告所提供的證據不足以支撐其訴訟主張為由駁回其訴求[①]（見圖 1.3）。

---

① 這些案件包括：（2019）蘇 12 民終 1011 號、（2009）杭淳商初字第 1212 號、（2019）青民終 92 號、（2017）蘇 06 民終 1813 號、（2017）雲 01 民初 1679 號。

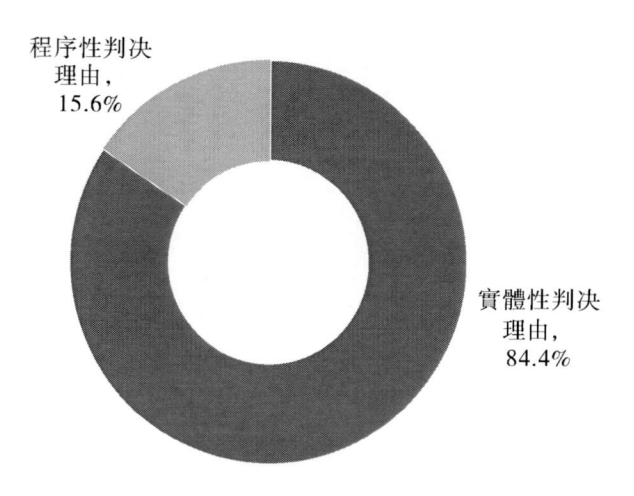

圖 1.3　實體性/程序性判決理由數據統計

　　此數據結果說明了如下兩個問題：第一，法院在注意義務案件的審理過程中，並未對原告施加過多的舉證責任負擔。雖然目前中國法院對於注意義務案件多採用過錯歸責原則，由原告承擔舉證責任，但是法院對原告所施加的舉證責任僅要求舉出支撐其主張的基本事實即可，並未要求原告對被告董事的公司決策與公司監管行為是否達到了未充分知悉相關信息、未深思熟慮的程度，以及是否未以公司利益最大化的方式行事予以證明。第二，法院在注意義務案件的審理過程中，法官的態度較為積極主動。在一些案件中，法院在極為有限的證據的情況下，並未立足於程序性要求以證據不足為由駁回訴訟請求，並未要求原告對於其舉證不充分要求其承擔舉證不能即敗訴的法律後果，反而，其依然做出了「被告的某行為沒有違反勤勉義務」或者「被告的行為並未違反法律法規和公司章程」的實體性判決理由。由此直接所導致的一個問題就是，即便法院作出了一個實體性的判決理由，但明顯地缺乏充分而必要的判決說理，沒有體現也無法體現出其裁判的邏輯與裁判的理據為何。

1.2 中國董事注意義務司法認定的微觀事實發現

1.2.1 法定職權與章程授權作為董事決策的正當權源

在法院對注意義務案件的審理過程中，存在著較為嚴重的法定職權與章程授權色彩。法院在認定董事的注意義務時，首先所認定的就是該案件董事所涉及的公司決策與行為是否屬於法律規定尤其是公司章程所賦予的職權。如果該決策與行為不屬於該董事的職權範圍，則該董事就有違反注意義務之嫌疑，如若屬於其職權範圍，則法院再接下來對其他要素展開審查。比如，在序號22這一案件中，法院在裁判說理部分首先認定「被告的行為是否違反公司章程的程序性規定、是否該決策行為不屬於被告的職權範圍且未經董事會批准」，而後才對案件的其他情勢予以具體分析與說明[①]。再如，序號1和序號25這兩個案件同樣體現了法院認定注意義務時的法定和章程授權的職權色彩，其二者均說明首先應當明確公司與員工簽訂勞動合同以及為員工辦理社保停繳事宜是否屬於被告的職責範圍[②]。最終，法院基於案件所涉事宜不屬於被告的職責範圍，而未再對案件的其他情節予以審查與認定，直接因此而判決駁回了原告的訴訟請求。

1.2.2 以過錯歸責的侵權責任路徑作為認定模式

通過案件梳理發現，法院在審理注意義務案件中模式化地採用如下裁判路徑：被告董事是否有違法違規或越權行為、被告董事是否存在主觀過錯、公司是否受到了損失、董事行為與公司損失之間是否存在因果聯繫。比如序號15和序號17這兩個案件均採用此認定路徑，該兩個案件均將上述所列四個條件作為董事因違反勤勉義務而承擔賠償責任的構成要件[③]。再如在序號31一案中，該案雖然沒有直接地採用上述四要件的審理模式，但是其依然採用了該審判思維，其提道：若要求公司董事承擔注意義務責任，

[①] 參見（2013）宿中商初字第0140號判決書。
[②] 參見（2014）亭商初字第0269號、（2012）渝一中法民終字第04533號判決書。
[③] 參見（2013）甬鄞商初字第68號、（2014）閩民二（商）初字第948號判決書。

則首先公司受到損害，其次必須要求董事存在違反法律法規或公司章程的不當行為①。此裁判路徑與過錯歸責原則下侵權責任的認定路徑相同，此現象一方面說明中國法院對董事注意義務的理論來源採用「侵權責任說」，另一方面也說明中國法院將董事的注意義務責任等同於侵權責任，限縮了注意義務的適用範圍。

1.2.3 部分案件引用了美國式的注意義務定義

中國法院尤其是東部地區或者中西部地區的高級別法院，在注意義務案件的審理過程中，採納了美國式的注意義務定義。比如，在序號 4 一案中，浙江省高院在認定被告董事的注意義務責任時提到：董事在履行公司職能時應當勤勉謹慎，且應當盡到相似情形相似職位下一個普通理性之人所應盡到的謹慎與注意，同時應當出於善意地以符合公司利益最大化的方式履職②。與此相似，在序號 19 一案中，上海市金山區法院提道：「勤勉義務是指董事等履行職責時，應當為公司的最佳利益，具有一個善良管理人的細心，盡一個普通謹慎之人的合理注意。」③ 而上海市第一中院在序號 18 一案中，更是直接引用美國《標準商事公司法》對董事的行為準則要求，作為董事在履行其職責過程中是否盡到注意、勤勉義務的判斷標準④。在序號 26 一案中，廣西南寧中院認為：董事在履行其公司職責時，應當出於公司利益最大化的善意，並盡到相似情形下一般理性之人所應有的合理的謹慎與注意⑤；由此可見，中國法院近年來在注意義務案件的審查模式方面有所突破。然而，由此也會導致如下兩個基本問題：第一，由於法院的地域差異與級別差異，中國目前依然有大部分法院，尤其是中西部地區的基層法院，並未將其對注意義務的認識予以更新重塑、並未變更其對注意義務的審查原則與標準，這導致中國法院系統對同一事物的多種看法，完全可

---

① 參見 (2009) 浙臺商終字第 545 號判決書。
② 參見 (2010) 浙商終字第 37 號判決書。
③ 參見 (2017) 滬 0116 民初 5352 號判決書。
④ 上海市第一中院參照引用了美國《標準商事公司法》第 8.30 條對注意義務的定義和判斷標準：「(1) 在處理公司事務時負有在類似的情形、處於類似地位的具有一般性謹慎的人在處理自己事務時的注意；(2) 須以善意為之；(3) 有理由相信是為了公司的最大利益的方式履行其職責。」參見 (2009) 滬一中民三 (商) 終字第 969 號判決書。
⑤ 參見 (2013) 南市民二終字第 467 號判決書。

能造成同案不同判的不公正結果；第二，即便在已經採納了美國式的注意義務定義標準的法院中，依然存在著對「一般理性人」的客觀標準、「善意」的審查標準、何為「公司最大利益」等基本要素拿捏不當或者認識不一的問題，甚至許多採用了美國式定義的法院也僅僅是「單純」地引用上述標準，並未將這些標準實質性地運用到判決理由的論證與推理之中①。

1.2.4 部分案件運用了商業判斷規則

商業判斷規則的基本內涵要求法院不對商業決策的良莠優劣作出實質性的業餘評判，而只對董事決策當時的程序與特定情形是否合理進行事前審查，即便一個合理的決策程序最終形成了一個造成公司損失的不良後果，法院也應當在所不問。如上文「數據統計」部分所提到的，中國部分法院對被告董事作出行為與決策時的特定情形進行了具體審查，而該具體審查所採用的方法其實質就是商業判斷規則的審理思路。比如在序號21一案中，法院在對案涉設備是否屬於公司閒置設備予以認定時，其提出此屬於董事商業判斷的範疇，應當根據公司在決策時所處的特定情形與外部環境予以綜合衡量。而後，法院基於「公司資金困難」「決策時正逢年底，公司所欠諸多債務需要在年底之前結清」等情形要素認定被告董事會的決策合理，並未違反注意義務②。再如，在序號7一案中，法院明確提出：公司董事應當為公司的最大利益而奔波勞碌，並且應當在充分信息的基礎上作出商業判斷，否則董事應當基於未盡到充分的注意而承擔注意義務責任。最終，法院通過被告董事就公司賠償事宜進行了數次積極的協商與談判的事實證據，並參照被告的專業知識水準等要素，來推斷被告董事已經對公司相關事務予以了充分知悉，因此判定被告符合注意義務對董事所作出的要求，從而判決駁回原告的訴訟請求③。還有，在序號24一案中，法院認為被告作為銀行的董事長，其決定將不良資產打包處置以在回籠資金的同時降低不良貸款率在當時看來是符合銀行最佳利益的，最終結合原告未舉證其他事實而認定被告未違反其注意義務④。

---

① 此類案件將在本書的1.3.2、1.3.3部分予以具體分析。
② 參見（2014）川民終字第667號判決書。
③ 參見（2007）慈民二初字第519號判決書。
④ 參見（2017）蘇06民終1813號判決書。

1.3 中國董事注意義務司法認定的問題檢視

1.3.1 將注意義務認定局限於合規與越權行為的認定

如前文所述，中國法院在注意義務案件中，存在著較為嚴重的法定職權與章程授權色彩，並以過錯歸責的侵權責任認定作為裁判路徑。如此的司法認定方式所導致的結果便是，將董事注意義務的認定局限縮小在違法違規行為、越權行為的認定範圍，在過錯歸責的侵權責任認定路徑的影響下，董事的行為與決策是否遵守法律法規和公司章程便是是否違反注意義務的首要構成要件，如果董事的行為與決策合法合規、符合章程授權範圍，則該構成要件就不滿足，董事違反注意義務的結論也當然就不成立。這樣一來，這種形式化的、模式化的認定標準為董事提供了非常嚴格的保護，這實際上是將合規義務、越權行為的認定取代注意義務下商業判斷規則的適用[1]。此種裁判理路可能將產生兩個不良後果：第一，從理論上而言，在董事的行為與決策合法合規且符合公司章程，但其所做出的行為決策並未盡到充分而審慎的考慮、並未對公司的營運盡到合理的監管、並未對明知或應知的公司內部控制體系的缺陷予以補救的情況下，法院無法順利實現對董事個人責任的追責；第二，從實務角度而言，這使得中國法院更多地運用有關「董事違法致使公司遭受損失而擔責」的法律條款（在中國現行《公司法》中即表現為第149條）予以認定，而對董事信義義務以及注意義務的認定置若罔聞。比如在序號30一案中便是如此，該案涉及董事以及高管未對決策的相關信息予以充分知悉、未對決策予以審慎考慮，且未經股東會、董事會批准而擅自做出公司決策，並且該案無關董事的個人利益，從而當屬董事注意義務、勤勉義務的規制調整範疇，但法院在認定過程中雖有提到「董事應盡到勤勉、謹慎義務」的相關話語，但並未適用與注意、勤勉義務有關的法律條文，而是徑直適用《公司法》第149條進行判決[2]。不過，根據此案的基本情形，即使不適用與注意、勤勉有關的法律條文，

---

[1] 樓建波，等. 公司法中董事、監事、高管人員信義義務的法律適用研究[M]//商事法論集：第21卷. 北京：法律出版社，2012：557.

[2] 參見（2008）嘉民二初字第67號判決書。

《公司法》第 149 條所規定的內容完全可以順利地實現對該案中違反法律程序的董事予以追責。如此一來，此種將注意義務的認定局限於違法與越權行為的認定思維，可以說變相地架空了董事注意義務的適用領域。

1.3.2　採用美國定義的案件並未變更原有裁判模式

雖然部分案件引用了美國《標準商事公司法》對注意義務的定義與審查標準，但是其並沒有將該審查認定標準實質性地融入裁判說理之中，依然秉持著傳統的合規與越權行為的裁判模式。比如，在序號 4 一案中，雖然判決書中提到了「一般理性人」標準、「公司最大利益」等審查要素，但是法院並沒有實質性地運用上述要素進行案件事實的推理與說明，甚至在二審法院的案件事實分析與裁判說理部分，對上述概念與關鍵詞只字未提①。再如，在序號 8 一案中，法院首先提出了董事勤勉義務的三個審查要點：「商事經營判斷規則」、被告是否出於「善意」履行其職責、「一般理性人」標準，然而，接下來法院在對該案進行具體分析時，轉而對被告執行董事簽訂供貨協議的行為是否超越章程所賦予的權限予以認定②。同樣，在序號 22 一案中，法院雖然採用商業判斷規則的理念對被告決策行為時的特定情形進行了具體分析，但是法院在裁判說理部分所首先認定的依然是被告的決策行為是否違反公司章程、是否在未經股東會或董事會授權的情況下擅自作出決策③。亦即，法院固然採納了美國式的定義與標準，但其依然將是否違反法律法規和公司章程作為是否違反注意義務的構成要件之一，依然沒有擺脫固化的傳統裁判模式。由此可見，雖然中國部分法院在形式上採納了美國式的定義與標準，但實質上並未變更原有的認定思維與分析框架，即便對上述審查要素有所分析，也僅僅是一筆帶過、著墨甚少。

1.3.3　運用商業判斷規則的案件缺乏必要的裁判說理

在中國注意義務案件中，有部分案件的裁判理由的論證與說明嚴重不足，其中引用了商業判斷規則的案件尤為嚴重。比如，在序號 12 一案中，法院提到了商業判斷規則，但其既沒有對商業判斷規則進行含義方面的解

---

① 參見 (2010) 浙商終字第 37 號判決書。
② 參見 (2015) 鄂恩施中民終字第 00457 號判決書。
③ 參見 (2013) 宿中商初字第 0140 號判決書。

釋，也沒有將案件事實融入該規則之下進行具體述評，而是直接認定：根據商業判斷規則的基本內涵，即便被告董事未能實現公司預期的計劃方案與營業目標，也依然不應當對公司和股東承擔個人責任①。在序號 23 一案中，法院在得出判決結論時僅僅提到如下字句：被告作為董事之一，在進行公司資產的出售時應當進行審慎的判斷與考量，應當盡到一個一般理性之人所應盡到的基本的勤勉與注意，否則其應當為其過失與疏忽承擔賠償責任②。除此之外，還有案件在未將被告行為決策時的理由和特定事實予以具體闡明的情況下適用商業判斷規則免除被告個人責任，如序號 9 一案中，法院僅僅提到「公司經營狀況已經發生變化」「被告的決定雖有不妥，但符合公司即將解散的實際情況」③，法院並沒有將經營狀況發生何種變化具體闡明、並沒有說明其根據哪些證據來認定被告的決策行為在作出之時是合理的、並沒有對轉讓價款是否實際合理、是否與市場價格相當進行考察認定。其實，從根本上而言，法院在引用商業判斷規則以及「一般理性人」標準、「善意」要素等審查標準進行注意義務認定時，未進行充分論證的原因還是在於，法院對於上述審查標準難以進行恰當而準確的把控，因為中國目前並沒有任何與上述審查要素有關的規範性文件或者指導性案例，所以法院也僅能在形式上對上述標準進行引用，而無法將其實質性地適用到具體的案件分析層面。

1.3.4 部分案件未明確區分董事忠實義務與注意義務

中國法院未對董事忠實義務與勤勉義務進行明確區分的現象一直存在。比如，在序號 17 這一案件中，該案的案情為：被告在對爭議內容不清楚的情況下，過失地與相對方簽訂某備忘錄協議，最終造成公司損失。該案從案情而言，當屬董事未盡到充分審慎的知悉與考慮而作出決策行為從而違反注意義務的案件，但法院依然在判決書中採用「忠實、勤勉義務」的措辭④。再如，在序號 5 一案中，該案有關被告董事未對合同條款與合同履行盡到充分考察與監督，從而導致所購買的進口貨物因違反海關規定而使公司遭受處罰，同時所購貨物被強制退運出境，該案同樣當屬注意義務案件

---

① (2009) 杭淳商初字第 1212 號判決書。
② (2014) 簡陽民初字第 1190 號判決書。
③ (2008) 滬一中民五（商）初字第 181 號判決書。
④ 參見 (2014) 閔民二（商）初字第 948 號判決書。

範疇，但判決書在裁判說理時依然籠統地採用「忠實義務和勤勉義務」的措辭①。還如，在 2019 年審結的序號 6 一案中，該案涉及被告沒有對公司未按規定及時將收入計入公司帳目、未按規定開具發票、開具發票時錯誤適用稅率等違法情形進行糾正和制止，導致公司受到罰款損失，這當屬注意義務、勤勉義務的調整範疇，但法院依舊採用「忠實、勤勉義務」的措辭②。除此之外，還有序號 3、序號 9、序號 27、序號 31 等案件③均將本屬於注意義務範疇的案件，在判決說理中卻採用「忠實、勤勉義務」的措辭。這一系列案件未對忠實義務與注意義務予以區分的根源主要在於如下兩點：第一，忠實義務和注意義務本就存在一定同質性。在某些注意義務案件中難免會摻雜某些董事的個人利益，有可能本就因為存在個人利益與公司利益的利益衝突，董事才故意選擇不作為或者失職行為。第二，更為重要的是，中國法律並沒有對注意義務、勤勉義務的界限進行明確說明與界定。雖然中國現行《公司法》對忠實義務的行為類型進行了列舉說明，但對於注意義務而言，《公司法》既沒有概念定義，也沒有行為類型的列舉，同時也沒有相關司法解釋或者指導性案例、公報案例對審判實踐進行操作指導，因此，司法實踐中存在未對忠實義務和注意義務進行明確區分的現象，也不具有過多可責難性。

1.4　中國董事注意義務司法認定的問題原因歸結

1.4.1　法律規則過於強調董事行為的合規性與職權性

根據前文所述，中國法院對於注意義務案件的裁判思維具有較強的合規性與職權性色彩，並有不少案例將過錯歸責原則下的侵權責任構成要件直接適用於董事注意義務的審查與認定。對於造成此現象的原因，從根本上應當歸咎於中國現行《公司法》的相關條文對司法實踐的指引與導向。

---

① 參見（2014）穗中法民二終字第 430 號判決書。
② 參見（2018）川 01 民終 18763 號判決書。
③ 這些案件的案件字號分別為：(2014) 渝五中法民終字第 05636 號、(2008) 滬一中民五（商）初字第 181 號、(2008) 二中民終字第 03331 號、(2009) 浙臺商終字第 545 號。

董事注意義務的司法認定：美國的經驗和中國的再造

從「宏觀數據分析」部分可知，中國法院對於注意義務案件適用條款最頻繁的是現行《公司法》第 147 條和第 149 條。前者為中國注意義務的原則性、統領性條文，後者是中國董事損害公司利益時需承擔賠償責任的直接性條文，其為公司、股東追究董事的個人賠償責任提供了請求權基礎。現通過對兩個條文進行最基本的文義性解釋與分析，以發現中國現行法律規則是如何對法院的司法實踐產生強烈影響的。

首先，對於《公司法》第 147 條第一款，該規則屬於強制性的命令性法律規範，其可分為三個部分，其中包括法律所調整的主體：「董監高」和兩個命令性規則：「遵守法律、行政法規和公司章程」「對公司負有忠實義務和勤勉義務」。該條文將遵守法律法規和公司章程置於忠實和勤勉義務之前，並用「逗號」隔開，根據一般的語義理解，「董監高」遵循法規和公司章程是履行其忠實和勤勉義務的前提條件，若違反法律法規或超越公司章程權限則一定是違反忠實和勤勉義務的。此條文所帶來的操作指引便自然是首先認定被告董事的行為決策是否合規、是否合乎章程所設定的程序與權限，在滿足合規性與職權性之後，再對董事的具體行為進行審查與認定。由此，法院在實踐中採用此裁判路徑也就不難被理解了。

其次，對於《公司法》第 149 條，該規則也屬於強制性規範，其可分為五個部分，其中包括法律調整主體「董監高」、適用條件「執行職務」、主體行為「違反法律法規和公司章程」、主體行為後果「給公司造成損失」、法律後果「承擔賠償責任」。該條文的構造屬於典型的侵權責任架構，即將「董監高」對公司利益的損害認定為一種侵權責任，並且該侵權責任以被調整主體必須違反法律法規或公司章程為條件，如果董事沒有違反法律法規或公司章程，則無法實現對董事損害公司利益的行為予以追責。這直接導致法院在實踐中將侵權責任的構成要件套用至注意義務案件之中，並在注意義務的審查中尤為強調董事行為決策的合規性與職權性。由此看來，從條文解釋的角度講，中國法院具有強烈的合規性與章程職權性色彩的審理模式，可以說在很大程度上歸咎於中國的立法模式，因為「在很多情況下，一般的語言用法不能提供很多資訊。但是它可以指出一定的界限，意義只能在此中尋獲，」① 也即，在法律條文有限，其所能提供的資訊有限的情況

---

① 卡爾·拉倫茨. 法學方法論 [M]. 陳愛娥, 譯. 北京：商務印書館，2003：202.

下，法院的審判實踐也就只能循規蹈矩地遵循法律規則的一般含義進行操作，在法律規則所提供的界限與框架內活動。因而，中國法院在注意義務案件審理中所採用的機械固化的裁判思維完全可以從法律條文中尋求到緣由。

1.4.2 注意義務的司法認定缺乏具體的操作指引

中國現行《公司法》與注意義務有關的規則條文，除了能夠為法院的操作實踐提供合規性和章程職權性的審查指引，以及侵權責任構成要件的審查要求之外，無法為法院對董事注意義務的司法認定提供其他任何具體的操作指引。即便在合規性色彩極為濃厚的第149條中，其對董事合規義務司法認定的指引依然存在著諸多空白與瑕疵。比如，該條文並沒有說明違反法律時具體的過錯歸責標準，是重大過失標準還是一般過失標準，抑或是明知或故意標準；再如，此條文中的合規義務是否可以或應當包含公司運行過程中公司的違規問題，亦即該條文是否可以調整公司董事因未盡到其有效監管公司運行的公司職責，從而導致公司或者公司員工違反法律造成公司損失的行為，抑或是僅僅針對董事其自己所做出的決策或行為的違法問題；還如，該違法行為的認定是事前標準還是事後標準從該條文更是無法得知，董事在做出決策時已經盡到合理的勤勉與注意，但在事後抑或由於經理、員工的疏忽甚至故意造成違法後果、抑或因為商業環境的變化造成違法後果、甚至因為法規政策的變化造成違法後果時，此時董事是否同樣應該承擔個人責任等一系列未解之疑。此外，中國目前有關董事注意義務的具有操作指示意義的規範性或案例性文件尚付闕如，這更加使得法院在審理注意義務案件中無所適從。這也是部分法院採納或者引用美國《標準商事公司法》中的相關審查要素與標準來對董事注意義務予以認定的根本原因之一。然而，中國一直以來所傳承的是傳統大陸法系的立法與司法傳統，法官不具有對法律進行創造性解釋的權力來源，從而法官無法從事法律的續造，從而在注意義務案件的審理與判斷過程中，法官的自由裁量權被過度地限制在法律規則的體系之內，無法根據董事決策行為時的特定事實與具體情形對法律規則進行創造性、突破性的適用，因而，法院即便採納或者引用了美國式的注意義務審查標準，也無法完全地革新式的適用該司法規則，最終造成了「引而不用」的不良後果。

1.4.3 侵權行為理論影響注意義務的裁判路徑

注意義務的理論基礎最初來源於侵權行為理論。不過，大陸法系和英美法系在對待董事注意義務責任與侵權責任之間的關係時卻不盡相同。大陸法系目前對董事注意義務責任的理念構造依然沒有從民法的過失侵權中完全分離出來，其依然採用過失這一個要件來表示當事人主觀狀態與法定標準之間的差異[1]。但英美法中的董事注意義務卻發展出了「善意」「充分知悉」以及商業判斷規則等責任認定要素與規則[2]。中國深受大陸法系的影響，完全採用了侵權責任式的立法路徑（中國《公司法》第 149 條便是侵權責任理念的典型產物），致使中國法院機械化地採用侵權責任式的裁判路徑，並以董事行為違反法律法規和公司章程為首要的構成要件。這極大地限制了董事注意義務對董事不當行為的規制範圍，導致諸多未違反法規或章程但明顯不當的董事行為無法受到追責。侵權責任傾向於矯正正義，其作用於對受害人利益的填補，侵權責任僅具有補償功能而不具有生產效率，無法為公司利益最大化的公司終極目的服務[3]。董事的注意義務在公司利益最大化的理念導向下，其功能已經從利益的填補演變為了一種激勵機制，亦即，董事注意義務制度激勵著董事盡其所能地履行其應盡的職責、為公司的決策盡到其所應盡到的深思熟慮，從而為公司和股東創造超額收益。因此，英美法中的董事注意義務除了傳統的侵權責任認定要素，還出現了「善意」「公司最大利益」、商業判斷規則等一系列審查要點和裁判規則。綜上所言，即便「董事注意義務以侵權法為淵源，但也不能由此得出董事違反注意義務的責任就是侵權責任的結論」[4]。

1.4.4 中國傳統信義義務理念限制了注意義務的發展

中國一直以來承襲大陸法系的信義義務理論，通常將公司、股東與董事之間的關係看作「委任關係」，而不同於英美法系中將公司、股東與董事之間的關係看作是「代理關係」抑或「信託關係」。前者強調委任人（公

---

　　① 鄧峰. 普通公司法 [M]. 北京：中國人民大學出版社，2009：494.
　　② 陳本寒，艾圍利. 董事注意義務與董事過失研究——從英美法與大陸法比較的角度進行考察 [J]. 清華法學，2011（2）.
　　③ 鄧峰. 普通公司法 [M]. 北京：中國人民大學出版社，2009：507-508.
　　④ 王軍. 中國公司法 [M]. 北京：高等教育出版社，2015：326.

司）與受任人（董事）之間的關係，即內部關係，而後者著眼於將被代理人（公司）與代理人（董事）共處於信任關係中，而強調與第三人之間的關係，即外部關係①。如此一來，其理論基礎使得中國與採用董事會、管理層中心主義的英美法系在對待信義義務制度的態度上迥然相異。英美法系的公司制度更多地將精力致力於解決公司控制權與所有權分離而形成的代理成本問題，進而採用法律上的受託義務與合同中的協議條款對董事、管理者進行約束與規制。然而，「委任關係」的理論基調直接導致中國公司制度更多地強調股東對公司的控制，並沒有將公司視作獨立於股東以外的獨立實體，而是「將公司看成是股東手臂的延伸，強化了股東對公司的控制，從而公司法更多的是解決大小股東之間的矛盾」②，在公司制度中一直較為欠缺通過法律形式強調公司董事或者管理者的義務與責任的理念，因而，中國公司法中的信義義務制度也一直較為滯後。這也是中國法院在注意義務案件審理過程中所凸顯出的問題在制度層面的原因歸結。不過，中國公司法在公司治理趨同論的影響下，近年來漸漸地呈現出了一定的向英美化轉向的趨勢③。那麼，在中國法官不具備創造性法律解釋的權力來源與習慣素養的情況下，通過改進中國公司治理的規制模式與規制理念，同樣可以為中國法院對注意義務乃至整個信義義務司法認定的改良帶來福音。

---

① 朱慈蘊. 公司法原論 [M]. 北京：清華大學出版社，2011：326-327.
② 鄧峰. 普通公司法 [M]. 北京：中國人民大學出版社，2009：501.
③ 比如，2005 年的公司法修訂、獨立董事制度引入、股權分置改革、併購重組的創新、境外上市、公司社會責任理念深化等公司治理的標誌性探索，說明了中國公司制度在一定程度上有向英美法系轉向的趨勢。參見：朱慈蘊，林凱. 公司治理趨同理論檢視下的中國公司治理評析 [J]. 法學研究，2013（5）.

2 中國董事注意義務認定的再造路徑：美國判例法經驗之借鑑

通過對中國注意義務司法認定的運行現狀予以分析與檢視可發現，中國法院在注意義務案件中所採用的裁判理路具有強烈的合規性和職權性色彩。而該問題的發生緣由從制度層面而言，可以歸結為中國現行法律規範的誤導和司法裁判指引的欠缺；從理論上層面而言，可以歸結為是中國注意義務的傳統理念和公司治理理念所共同導致的結果。在中國公司法近年來逐漸呈現出向英美化轉向趨勢的背景之下，董事注意義務的司法認定從英美法系國家汲取經驗亦屬應景之舉。此舉一方面可以通過對英美判例法的考察透視出注意義務以及信義義務理念，以對中國的傳統理念予以調和與革新；另一方面，更重要的是，可通過英美判例法的經驗借鑑變更中國法院現有的裁判理路。在英美法系國家中，近幾十年來在注意義務領域變化要素最多、進化速率最快、討論範圍最廣的，當屬美國的司法實務界與理論學術界。

本章就對中國應當從美國判例法中汲取何種經驗、如何汲取此種經驗以及汲取此種經驗有何積極意義予以具體分析。本章分為三個部分，第一部分，說明中國可以對注意義務的類型劃分及其裁判關注焦點予以經驗擷取；第二部分，闡述中國應當對善意在注意義務司法認定中的適用予以關注，並對中國應當如何對待善意這一認定要素作出分析；第三部分，論述美國判例法經驗對中國目前注意義務司法認定所凸顯的問題有何借鑑與改良意義。

2.1 經驗一：注意義務的類型劃分及裁判關注焦點

注意義務一方面要求董事對所做之決策盡到充分審慎的考慮與斟酌，另一方面要求董事對公司的運行盡到勤勉仔細的作為與監管，此便形成了注意義務下的兩大義務板塊。美國特拉華州的經典案例——Caremark 案對上述兩種義務類型進行了具體闡釋。在注意義務類型劃分的情形下，不同的注意義務類型具有不同的特徵與要求，美國法院在司法實踐中對於不同的義務類型具有不同的裁判關注焦點，並體現出不同的司法認定邏輯與判決理路。以上兩個經驗要點均是值得中國學習、借鑑甚至模仿之處。

2.1.1 注意義務中決策義務和監督義務的類型劃分

在 Caremark 案中，法官 Allen 提出了違反注意義務的兩種不同的具體情形。Allen 法官在判決書中指出：

「董事違反應盡到合理注意的義務，在理論上也許來源於兩種不同情形。第一，該責任可能來自，董事的決策是因為董事未經審慎考慮或者「過失」而導致損失；第二，該責任也有可能來自，在盡到合理注意可以避免損失的情況下，董事因未經審慎考慮而未履行其職責。」①

第一種情形可以歸結為，因董事未對公司決策盡到合理、充分、審慎的考慮而導致的注意義務責任。該種情形典型地受到商業判斷規則這一董事保護型規則的審查，該規則假定董事決策是基於善意而充分考慮或者基於合理的程序而作出。除了考察善意下的充分思考或者考察所採用程序的合理性之外，在該義務情形之下，董事遵守注意義務的司法審查不能根據導致公司損失的決策內容作出判斷。當董事實際上基於善意而努力地去得知信息並進行適當判斷時，他或她就應當被視為已經履行到了對公司事務予以注意的整個義務②。

第二種情形可以歸結為，因董事未履行其應盡的職責而導致的注意義

---

① In re Caremark Intern. Inc. Derivative Litigation, 698 A. 2d 959, 967 (Del. Ch. 1996).

② See In re Caremark Intern. Inc. Derivative Litigation, 698 A. 2d 959, 967-968 (Del. Ch. 1996).

董事注意義務的司法認定：美國的經驗和中國的再造

務責任。該種情形所關聯的公司損失不是歸因於董事的決策，而是歸因於董事未經審慎思考的不作為。董事會應當運用善意的判斷去確保一個公司信息報告系統的存在，並將系統設計得足以確保適當的信息及時地進入董事們的注意範圍，使董事們能夠對公司運行的合規性盡到合理監督，使董事們能夠基於充分的信息履行其他職責。亦即，董事們的義務包括試圖基於善意去確保一個公司信息報告系統是充分的、存在的，若他們在某些情境下未能做到如此，則至少在理論上應當要求董事承擔因此而導致的損失責任[1]。

上述第一種情形，要求董事必須謹慎地、仔細地並在充分思考的基礎上作出公司決策，該義務可以總結為董事的決策義務；上述第二種情形，要求董事必須勤勉地、積極地履行其公司職責，並對公司的商業運行盡到合理而充分的監督，該義務可以總結為董事的監督義務。其實，在美國《標準商事公司法》《公司治理準則：分析與建議》以及《公司董事指南》三部成文規則中，也同樣將董事注意義務分為決策義務與監督義務兩大陣營。美國《標準商事公司法》第8.30節（b）條對董事的行為準則作出如下要求：「董事會的董事成員或者委員會成員在對與履行其決策職能相關的信息進行充分知悉時，或者將其注意力投入到其監督職能時，應當盡到在相似情形、相似職位下，一個普通謹慎的人所認為的應當盡到的合理注意。」[2] 美國《公司治理準則：分析與建議》在§4.01「董事和高管的注意義務：商業判斷規則」這一章節中，其（a）(1)、(2) 兩個條款分別指出董事的注意義務包括：董事在作出商業決策時，當相關情形警示理性的董事或高管需要進行調查或詢問時，其應當進行調查或詢問，以獲取重要的決策信息；董事在履行其包括監督職能在內的公司職能時，董事或高管有權根據§4.02和§4.03章節的規定對材料和所雇傭的人員予以信賴[3]。美國《公司董事指南》在「注意義務」這一章節中指出：「一個董事的注意義務主要是其在作出決策和監督公司商業運行時，有義務使得自己保持被合理

---

[1] See In re Caremark Intern. Inc. Derivative Litigation, 698 A. 2d 959, 968-970 (Del. Ch. 1996).

[2] Revised Model Business Corporation Act § 8.30 (b).

[3] Principles of Corporate Governance: Analysis and Recommendations § 4.01 (a) (1)、(2) (1994).

而充分地告知。」① 由此可以看出，三部成文規則均將董事的注意義務劃分為決策義務和監督義務兩大類型。

董事的決策類注意義務通常要求董事在充分獲取信息和深思熟慮的基礎上，考慮或者（在被授權的情況下）批准公司政策和戰略目標、評估和選任高級管理人員、批准重大支出和重大交易、收購和處置重大資產。董事的監督類注意義務通常要求董事必須勤勉盡責地對公司的財務狀況、管理狀況，以及符合法律規定和公司政策的公司運行狀況進行合理監督，並評估和設計適當的風險管理架構②。

2.1.2 決策義務與監督義務中裁判關注焦點概覽③

董事的決策義務強調董事必須對公司決策盡到充分的注意和合理的思考，不得馬虎大意、輕率魯莽地作出某個決策，亦即，董事決策類注意義務的核心在於董事行為的謹慎性。董事的監督義務強調董事必須對公司的商業運行和日常事務予以充分的知悉，並採取有效措施對公司運行中所存在的不當與違規之處予以整改糾正，亦即，董事監督類注意義務的核心在於董事行為的勤勉性。由於董事決策義務與監督義務所強調的核心與側重點不盡相同，那麼法院對董事決策義務與監督義務的關注點與審判邏輯也必然存有差異。本書在此處茲舉 Disney 案和 Abbott 案兩則經典案例，以表明美國法院在董事決策類注意義務案件和監督類注意義務案件中各自的關注焦點與裁判理路。

Disney 案是一則有關董事決策義務的典型案件。「該案中沒有明顯的違反忠實義務的情節。董事或者高管沒有進行雙方交易；沒有雇傭董事或高管的親屬；沒有其他傳統的自我交易行為類型。因此，其他的選擇顯然也就只有注意義務指控——主張案件中的決策沒有經過合理的深思熟慮和思

---

① The Corporate Laws Committee, ABA Section of Business Law, Corporate Director's Guidebook-Sixth Edition, 66 Business Lawyer 975, 990 (2011).

② See Edwin W. Hecker, Jr., Fiduciary Duties in Business Entities Revisited, 61 University of Kansas Law Review 923, 934 (2013).

③ 本書將在第三章和第四章分別詳述美國法院在董事決策類注意義務案件和監督類注意義務案件中的關注焦點，並將進行中美法院之間關注焦點與裁判理路的比較。此處僅拋磚引玉，為了說明中國可以從美國判例法中汲取哪些經驗要點。

董事注意義務的司法認定：美國的經驗和中國的再造

考」①。Disney案的案情有關董事會未對僱傭和解聘高管的公司決策做到深思熟慮，最終造成了公司的損失②。該案法官Chandler認為：「董事會以及Eisner是在明知以下信息的基礎上作出上述決策：①無論Ovitz是否真的是好萊塢最有權勢的人，但是他絕對是受到高度尊重的行業人物；②他們都相信Ovitz掌握有相關行業的技能和經驗，從而對於本公司極具價值，尤其是在公司面臨即將展開的重大的併購交易、前總裁Well去世以及現任首席執行官Eisner身患重病，從而Disney急需一位卓爾不群的總裁的情況下；③為了接受Disney總裁的該份要約，Ovitz離開並放棄了他非常成功的事業，這使得一個理性的人有理由相信他將會在其他行業的相似工作中同樣取得巨大成功。」③ 基於此種情形，Chandler法官以事前的角度認定，董事會的決策行為是基於其行為有利於公司利益最大化的信念而採取的，他們相信聘用Ovitz符合公司的最大利益。雖然，「Eisner在沒有董事會成員的引導和參與的情況下，超越了其作為首席執行官的授權範圍。他過早地發佈新聞

---

① Claire A. Hill & Brett H. McDonnell, Disney, Good Faith, and Structural Bias, 32 Journal of Corporation Law 833, 850 (2007).

② Disney案的案情如下：1995年10月，Disney聘請了Ovitz擔任總裁。他是Disney董事長兼首席執行官Eisner的親密好友。當時，Ovitz是好萊塢一個重要的人才經紀人。聘用協議由Eisner單方面與Ovitz協商並由原董事會批准。董事會的判斷是：鑒於Ovitz以往在娛樂行業極為成功的職業經歷，其對於公司而言極具價值，最後董事們同意了Eisner的提議，並授予Ovitz一個價值極為可觀的聘用協議。在協議中，Disney同意給Ovitz每年100萬美元的基本工資，並酌情給予獎金，以及共計500萬普通股的兩套股票期權計劃方案。同時，聘用協議規定了三種Ovitz結束其聘用期的途徑：①任職五年，而Disney決定不再續聘，Disney將向Ovitz償付1000萬美元的協議終止補償款；②任職不滿五年，Disney只能因Ovitz實施了重大過失或瀆職行為，或者Ovitz自願辭職的「正當理由」才能終止聘用協議，如果Disney因「正當理由」解雇Ovitz則其將無法獲得額外補償；③在五年聘用期限內，如果沒有正當理由（無過錯）解雇Ovitz，則其將獲得直到2000年9月30日的剩餘薪酬以及1000萬美元的遣散費，外加剩餘每個財務年度750萬美元的補償，並立即授予最初「A」期權計劃中300萬股的股票期權。Ovitz開始工作後不久，公司的諸多問題便浮出水面，且形勢持續惡化。1996年9月，Ovitz向Eisner發送信件表明他對自己所在職位的不滿，表達了離開公司的願望。在1996年12月11日，Eisner與Ovitz協商在1995年聘用協議之下的「無過錯」解雇條款，安排Ovitz離開Disney。最終，Ovitz在僅工作了14個月的情況下便獲得了價值1.4億美元的離職補償。原告股東起訴聲稱董事會在批准聘用協議和批准「無過錯」解雇協議時存在重大過失，從而違反了其注意義務。See Brehm V. Eisner, 746 A. 2d 244, 249-253 (Del. 2000).

③ In re Walt Disney Co. Derivative Litigation, 907 A. 2d 693, 770-771 (Del. Ch. 2005).

稿，從而給予董事會巨大的壓力以接受和批准與所發布新聞稿相一致的薪酬計劃。即便這與特拉華州對公司受託人所期待的行為方式不相一致，但其依然沒有違反法律」[1]，因為無論如何，董事會成員以及董事長兼首席執行官的 Eisner 作出該聘用決策的目的與初衷均符合公司發展利益的需要，從而他們盡到了其應盡的思考與注意。

　　Disney 案清晰地表明，在董事決策類注意義務案件中的關注焦點在於：董事們在作出決策的當時（在事前）是否對與決策相關的重要信息進行了充分知悉，如果是，法院則應當繼續考察董事們是基於哪些明知或應知的信息作出商業判斷，以及這些明知或應知的信息是否可以推斷出董事們決策行為的初衷是為公司最大利益而考慮的。Disney 一案則通過 Ovitz 以往顯赫的職業生涯以及其在好萊塢所累積的優質聲譽、公司在聘任總裁時所遇到的艱難處境、Ovitz 的求職態度等一系列董事會在決策時所明知或應知的信息，來證明被告董事在批准聘用協議時的目的與初衷是指向公司最大利益的。

　　Abbott 案是一則關於董事監督義務的典型案件。該案的案情有關公司董事在明知公司所生產的產品存在違規狀況的情形下，未對公司的違規狀況採取措施予以有效糾正與整改，最終因此而導致公司損失[2]。本案法官

---

[1] In re Walt Disney Co. Derivative Litigation, 907 A. 2d 693, 763 (Del. Ch. 2005).

[2] Abbott 案的案情如下：Abbott 是一家多元化的醫療保健公司，其核心業務之一是生產數百種不同的診斷試劑盒和醫療設備。這些產品都受到 FDA（美國食品藥品監管局）的嚴格監管，並且 FDA 將定期檢查製造工廠，以確保產品的合規性。1993—1999 年的六年期間裡，FDA 對 Abbott 的部分設施進行了 13 次獨立調查。這些調查（其中一些調查持續兩個月甚至更久）所適用的程序不僅為了確保體外檢測產品的數據和信息的科學有效性和精確性，還為了人們在科學檢測中免受不必要的危害或風險。在每一次調查之後，FDA 向生產者發送了形式表格以說明其違規之處，並與生產者的代表討論所發現的問題。除此之外，FDA 還在此期間向 Abbott 發送了四封經過認證的警告信。這些警告信均被送至相關生產部門的總裁處，並有部分信件抄送至 Abbott 董事長兼首席執行官處。在 1995 年 7 月，FDA 和 Abbott 共同進行了一個綜合性自願合規計劃項目，以共同解決由 FDA 所發現的在 Abbott 某些設施中的合規性問題。但最終，該計劃以失敗告終。1999 年 11 月，FDA 提起了禁止令訴訟，且雙方簽署同意令，禁止 Abbott 繼續生產某特定種類的體外測試試劑盒，同意令還要求 Abbott 支付 1 億美元的罰款。原告股東就此提起訴訟，宣稱董事們意識到了長達六年的違規歷史，並且他們有義務採取必要的措施來糾正會給 Abbott 帶來 20% 的收入的分支部門的合規性問題，但他們沒有做到這一點，從而明顯地違反了其注意義務。See In re Abbott Labs. Derivative Shareholders Litig., 325 F. 3d 795, 799-802 (7th Cir. 2003).

董事注意義務的司法認定：美國的經驗和中國的再造

Wood 對該案的案情進行了具體分析，其指出：「FDA 的前兩封違規警告信都抄送至董事長處。在 1995 年發起自願合規計劃之後，FDA 在 1998 年關閉了該計劃，並再次向董事會成員兼時任首席執行官 White 發送了最後一封警告信，但公司依然存在著持續的違規行為。向 SEC 提交的信息披露報表已經承認了該違規問題，從而可以推知被告董事們對此狀況已經明知。」[1] 除此之外，「FDA 與 Abbott 的代表至少進行了十次會晤以討論有關持續性違法的問題。《華爾街日報》在 1995 年發布了 Abbott 違規問題的新聞報導。在 1999 年，甚至第三方機構分析師都質疑為什麼 Abbott 持續拖延解決違規問題的原因」[2]。所有這些指控事實都暗示著董事們對於長期未予以糾正的違法事實的明知。持續長達六年的違規問題，各種調查、官方警告信以及公開出版物，這些事實足以構成提醒董事們採取有效措施糾正違規狀況的「紅旗警示」（red flag），但董事們並未採取任何有效措施以阻止或者挽救該違規情形，該長時間的不作為導致了公司的大量損失，足以說明董事對公司和股東基本利益的無視[3]。

Abbott 案表明，在董事監督類注意義務中法院的審查焦點在於：什麼情形或何種事實可以構成董事未盡到監督職責的「紅旗警示」標誌；董事在知道或者應當知道「紅旗警示」之後，其是否採取了有效的監督措施對公司運行中所存在的不當與違規狀況予以糾正。如果董事在知道或者應當知道「紅旗警示」的情況下卻未採取任何有效行動，則應認定其違反了注意義務。就如 Hillary A. Sale 教授所述：「Abbott 案的事實為受託人（董事）漠視『紅旗警示』的不作為行為勾勒了一幅圖案。」[4] 該案通過一系列包括官方警告信、媒體新聞稿、公司向 SEC 提交的信息披露報表等在內的「紅旗警示」信息，證明被告董事明知公司存在違規事實，在此情形下卻依然未對此種違規狀況予以有效地補救，從而構成對「紅旗警示」的漠視，法

---

[1] In re Abbott Labs. Derivative Shareholders Litig., 325 F. 3d 795, 806 (7th Cir. 2003).

[2] In re Abbott Labs. Derivative Shareholders Litig., 325 F. 3d 795, 808 (7th Cir. 2003).

[3] See In re Abbott Labs. Derivative Shareholders Litig., 325 F. 3d 795, 809 (7th Cir. 2003).

[4] Hillary A. Sale, Monitoring Caremark's Good Faith, 32 Delaware Journal of Corporate Law 719, 742 (2007).

院足以以此認定被告董事未履行其監督義務。

Caremark 案提出了董事違反注意義務的兩種可能情形。在此之後，Disney 案的法官對董事注意義務中的決策義務如何進行司法認定進行了演繹，Abbott 案法官則對董事注意義務中的監督義務如何進行司法認定進行了推導。可以毫不誇張地說，Disney 案和 Abbott 案兩個案件的案情和判決分析意見，對 Caremark 一案中所提到的注意義務兩種情境下的司法運用進行了詳盡且近乎完美的詮釋。此三則案例為我們精確地闡釋了注意義務下的兩大分類，以及該分類下各自的關注焦點與責任認定標準，為中國學習、借鑑甚至模仿美國的判例法經驗提供了指引與方向。

2.2 經驗二：善意在注意義務認定中的適用[①]

善意（good faith）這一概念在近二十年的美國公司法實務界和理論界一直保持著極高的關注度[②]。1993 年，Horsey 法官在 Cede 一案中宣稱：「為了推翻商業判斷規則的假定，原告股東需承擔如下舉證責任：被告董事們在作出所指控的行為決策時，違反了三個信義義務之一——善意、忠實或

[①] 雖然中國目前已有部分法院在注意義務案件中引用了「善意」這一概念，但是，就如前文問題檢視部分所說到的，這些引用了「善意」要素的法院並沒有將其實質性地運用到其判決理由的推理與論證過程中，更多的僅僅是在形式上予以採納與引用。在筆者看來，未進行實質性的運用的根本原因，便是因為中國目前並沒有任何與該審查要素有關的指導性案例或者規範性文件，法院對於該審查標準無法進行恰當而準確地把控，所以才導致「引而不用」的後果。

[②] 美國理論界的代表性論文大致包括：Hillary A. Sale, Delaware's Good Faith, 89 Cornell Law Review 456（2004）; David Rosenberg, Making Sense of Good Faith in Delaware Corporate Fiduciary Law：A Contractarian Approach, 29 Delaware Journal of Corporate Law 491（2004）; Sean J. Griffith, Good Faith Business Judgment：A Theory of Rhetoric in Corporate Jurisprudence, 55 Duke Law Journal 1（2005）; Melvin A. Eisenberg, The Duty of Good Faith in Corporate Law, 31 Delaware Journal of Corporate Law1（2006）; Stephen M. Bainbridge et. Al., The Convergence of Good Faith and Oversight, 55 UCLA Law Review 559（2008）; Leo E. Strine, Jr., Loyalty's Core Demand：The Defining Role of Good Faith in Corporation Law, 98 Georgetown Law Journal 629（2010）; Joseph K Leahy, A Decade After Disney：A Primer on Good and Bad Faith, 83 University of Cincinnati Law Review 859（2015）.

應盡的合理注意。」① 自此以後，美國法院尤其是特拉華州法院對於善意的探討頻次陡增數倍。1995 年，Holland 法官在 Cinerama 一案中確認了將信義義務劃分為善意、忠實和注意三個部分的觀點，並認為「此三個主要信義義務對於董事會決策整體公平性的分析都具有實質性的重要意義」②。1996 年，Allen 法官在 Caremark 一案中卻將善意要素放進注意義務的分析框架中，其提出「任何公司法中注意義務審查的核心要素是：董事是否基於善意而努力地去得知信息和進行商業判斷」③。十年後的 2006 年，Holland 法官一改其十年前的「三分法」主張，將善意歸入忠實義務範疇之下，並宣稱「忠實義務從此不再限制於僅僅涉及經濟或其他利益衝突的情形之下」④，從而造成忠實義務的強勢擴張。此外，2009 年，Berger 法官突破性地將以前適用到監督義務情形下的善意標準引進到了公司控制權交易的情形中⑤，其在公司控制權交易的情境下「以董事是否徹底地未試圖去爭取一個最優出售價格」作為善意與否的審查標準⑥。這一系列的標誌性案件均表明美國法院近二十年來對善意這一概念極高的關注度，而中國在對注意義務司法認定模式予以改良時，可對美國判例法經驗中善意的司法適用保持關注。

2.2.1　善意與注意義務的內在關聯

雖然，善意這一審查標準經歷了信義義務「三分法」（善意成為獨立的信義義務）到「兩分法」（善意變為忠實義務和注意義務的附屬要素）的戲劇性演變，並且在「兩分法」下善意首先被 Caremark 案放置於注意義務框架中、而後又被 Stone 案歸入到忠實義務之中，但是，善意其跌宕起伏的歷史演變過程並不能否定注意義務與善意之間的內在聯繫。本書從美國成文法、判例法和美國學界觀點三個角度，來論證善意與注意義務之間必然的內在關聯性。

---

　　① Cede & Co. V. Technicolor, Inc., 634 A. 2d 345, 361（Del. 1993）.
　　② Cinerama, Inc. V. Technicolor, Inc., 663 A. 2d 1156, 1164（Del. 1995）.
　　③ In re Caremark Intern. Inc. Derivative Litigation, 698 A. 2d 959, 968（Del. Ch. 1996）.
　　④ Stone ex rel. AmSouth Bancorporation V. Ritter, 911 A. 2d 362, 370（Del. 2006）.
　　⑤ See Christopher M. Bruner, Good Faith in Revlon-Land, 55 New York Law School Law Review 581, 582（2011）.
　　⑥ Lyondell Chemical Co. V. Ryan, 970 A. 2d 235, 244（Del. 2009）.

2.2.1.1　美國成文法中善意與注意義務的關聯

美國成文法一直以來都是將善意（good faith）作為判斷董事是否盡到其注意義務非常重要的評價標準。比如，由美國法學會在1994年通過並頒布的《公司治理準則：分析與建議》中，其第四章「董事和高管的注意義務；商業判斷規則」的第一條（a）款就對董事注意義務提出如下基本要求：「一名董事或者高管有義務基於善意對公司履行其作為董事或高管的職責，以他或者她所合理地相信有利於公司最大利益的方式行事，並盡到一個普通謹慎的人在相似職位和相似情形下所被合理期待的謹慎。」① 再如，在由美國律師協會發布的美國《標準商事公司法》中，第8.30條也同樣採用與《公司治理準則》較為相似的架構對董事的行為準則提出要求：「每一位董事會的董事，在履行其董事義務時應當：善意行事，並且以其合理地認為符合公司最大利益的方式行事。」② 還如，在由美國律師協會商法部公司法委員會起草並發布的《公司董事指南》中，其第三部分中的「法律義務」這一章節中對董事的義務做出如下要求：「董事行為的基本法律標準就是，每一位董事必須以善意和以董事所合理相信的符合公司最大利益的方式履行其董事義務。該標準包含了『注意義務』和『忠實義務』。」③

2.2.1.2　美國判例法中善意與注意義務的關聯

就判例法而言，美國存在著諸多將善意標準運用到注意義務案件中的判例。典型的比如，在對注意義務中極為重要的審查規則——商業判斷規則作出明確定義的Aronson案中，Moore法官對商業判斷規則作出如下解釋：「商業判斷規則假定公司董事們在做出決策時，是在充分知悉的基礎上、基於善意並且以誠實的信念相信其所採取的行為是有利於公司利益最大化的。」④ 同樣，在影響美國特拉華州公司法立法進程的注意義務案件——Gorkom案中，Horsey法官如是說：「董事履行一個充分信息的商業決策在本質上是注意義務，而不同於忠實義務……因而假定董事們是基於善意形成

---

① Principles of Corporate Governance: Analysis and Recommendations § 4.01（a）（1994）.

② Revised Model Business Corporation Act § 8.30（a）.

③ The Corporate Laws Committee, ABA Section of Business Law, Corporate Director's Guidebook-Sixth Edition, 66 Business Lawyer 975, 989（2011）.

④ Aronson V. Lewis, 473 A.2d 805, 812（Del. 1984）.

董事注意義務的司法認定：美國的經驗和中國的再造

其商業判斷的，」①就該義務而言，「其是為了保護其他人（公司和股東）的利益而施加給董事的積極義務，從而以批判性的眼光去評估在本案中所呈現出的特定情形下的信息類型」②。此外，在 Goldman 一案中，Glasscock 法官引用 Chandler 法官的認定標準：若原告欲指控被告董事的決策未經審慎思考，那麼「原告必須舉出以下特定事實來推翻被告善意的一般假定：董事會的決策是如此的糟糕或者不合理，以至於其不可能在公司利益最大化的基礎之上做出有效的評估」③。

當然，在前文 2.1 中所述的三個注意義務經典案例中同樣也將善意標準適用於裁判說理之中。Caremark 案中的 Allen 法官指明：「在商業判斷規則下，只要法院認定董事所採用的決策程序是合理的或者是基於善意而促進公司最大利益的，就不存在董事個人責任……任何公司法中注意義務審查的核心要素是：董事是否基於善意而努力地去得知信息和進行商業判斷。」④ Disney 一案中 Chandler 法官說道：「我認定被告董事的行為是善意，亦即，被告的行為是基於其行為有利於公司利益最大化的信念而採取的，他相信他負責任地、迅速地、果斷地聘用 Ovitz 是有利於公司利益最大化的。」⑤ Abbott 案件中，Wood 法官聲明：「六年時間的違規問題，各種官方調查、違規警告信、出版社的出版物，所有這些導致了最終對公司的大規模民事處罰，並因生產的中止造成了合計約 2.5 億美元的公司財產損失，這表明董事決策未基於善意行事，並與公司的最大利益相悖。」⑥

2.2.1.3 學界觀點中善意與注意義務的關聯

美國的公司法學者通常認為董事基於善意行事是董事所有行為要求的總和，從而善意統領著董事的注意義務和忠實義務。因此，在美國公司法學者看來，善意這一行為要求是董事注意義務與忠實義務的共屬要素，而絕非單獨地專屬於注意義務或者忠實義務二者之一。

---

① Smith V. Van Gorkom, 488 A. 2d 858, 873（Del. 1985）.
② Smith V. Van Gorkom, 488 A. 2d 858, 872（Del. 1985）.
③ In re Goldman Sachs Group, Inc. Shareholder Litigation., No. 5215-VCG, 2011 WL 4826104, at *16（Del. Ch. 2011）; In re Citigroup Inc. Shareholder Derivative Litigation, 964 A. 2d 106, 136（Del. Ch. 2009）.
④ In re Caremark Intern. Inc. Derivative Litigation, 698 A. 2d 959, 967-968（Del. Ch. 1996）.
⑤ In re Walt Disney Co. Derivative Litigation, 907 A. 2d 693, 763（Del. Ch. 2005）.
⑥ In re Abbott Labs. Derivative Shareholders Litig., 325 F. 3d 795, 809（7th Cir. 2003）.

善意的基本內涵現已在美國公司法學界達成了共識，「善意通常被理解為對董事所作出的如下要求：基於誠信的目的追求公司的最大利益」①。比如，Eisenberg 教授主張：「善意要求主觀誠信。一個公司管理者必須誠懇地相信其行為是符合公司利益最大化的，其在管理能力範圍內所做出的任何一個陳述必須是真誠的，其行為也應在合理行為的範疇內。」② 再如，Nowicki 教授在對法律辭典以及刑事、信託、代理以及合同等領域的善意概念進行綜合考察後，其說道：「董事責任領域所適用的『善意』可以被合適地總結為董事必須以公司利益最大化的方式行事。董事責任領域的善意包括誠信，同時也包括其行為應當符合股東和公司投資者的合理期待。」③ Kostant 教授同樣認為：「在 Disney 案件過後，只要董事會的決策與行為動機不是為了公司的長遠利益，即便公司在短期看來有利可圖，該董事也有違信義義務。亦即，在當下，在善意的概念之下，其關注的焦點在於董事會的意圖是否是為了企業的長遠利益考慮。」④ Leahy 教授對善意的相對面——惡意（bad faith）進行定義，其認為：「惡意的行為類型指的就是董事們的行為目的不是為了服務於公司利益的最大化的惡意行為。」⑤ 除上述學者，還有其他諸多學者表達了與此相同或相近的看法，在此不再贅述⑥。

---

①　Andrew S. Gold, A Decision Theory Approach to the Business Judgment Rule: Reflections on Disney, Good Faith, and Judicial Uncertainty, 66 Maryland Law Review 398, 409 (2007).

②　Melvin A. Eisenberg, The Duty of Good Faith in Corporate Law, 31 Delaware Journal of Corporate Law 1, 22 (2006).

③　Elizabeth A. Nowicki, Director's Good Faith, 55 Buffalo Law Review 457, 525-526 (2007).

④　Peter C. Kostant, Meaningful Good Faith: Managerial Motives and the Duty to Obey the Law, 55 New York Law School Law Review 421, 428 (2011).

⑤　Joseph K Leahy, A Decade After Disney: A Primer on Good and Bad Faith, 83 University of Cincinnati Law Review 859, 886 (2015)

⑥　還有以下一系列學者提到了將善意定義為以公司利益最大化的方式行事的觀點，茲舉幾例。比如，Clark W. Furlow 指出：「如果董事決策的可能結果是增進公司的價值，則法院可以推斷出董事的行為決策受到了服務於公司利益最大化的善意信念的推動。」See Clark W. Furlow, Good Faith, Fiduciary Duties, and the Business Judgment Rule in Delaware, 2009 Utah Law Review 1061, 1094 (2009)；還有，Leo E. Strine 等人提到「從伯利的思維方式出發，法院在評價管理者是否以善意行事時所可以適用的一個清晰的基準就是——股東利益的最大化」。See Leo E. Strine, Jr. et. Al., Loyalty's Core Demand: The Defining Role of Good Faith in Corporation Law, 98 Georgetown Law Journal 629, 642 (2010).

董事注意義務的司法認定：美國的經驗和中國的再造

既然善意的內涵被定義為「基於公司利益最大化的信念和方式行事」，那麼善意下的董事行為標準也便是要求董事的行為必須符合公司和股東的最大利益。基於此，善意絕不應僅僅專屬於信義義務之下的某一個或某一類義務，而應當共屬於注意義務與忠實義務，應為注意義務與忠實義務的共同要素，其原因可從經濟學和公司契約論兩條路徑去予以解釋。

其一，從經濟學的意義上講，整個董事的信義義務「在本質上都是由於存在代理成本和利益衝突而降低了投資者的福利」[①] 而產生的，那麼信義義務制度，無論是注意義務還是忠實義務，均應當致力於降低所有者與經營者之間的代理成本，也即，注意義務和忠實義務均必須以公司、股東的利益為首選。注意義務要求董事們必須仔細地、深思熟慮地、盡其所能地以公司利益最大化的方式履行其應盡的職責，不得輕率魯莽、敷衍塞責地作出公司決策、履行監督職責；忠實義務體現為董事們必須忠誠地服務於公司的最大利益，而不得利用職權攫取公司利益、公司機會，與公司形成利益衝突[②]。

其二，從公司契約論的角度講，則更加能夠說明善意是忠實、注意二者的共同要素：「一個同意遵守公司章程條款的董事必須做到善意：他必須誠信地盡到忠誠；他也必須盡其所能地盡到注意；並且他必須誠信地去執行他向授予其公司控制權的人們所做出的任何合同承諾。善意僅僅是解釋當事人是否遵守公司章程或合同協議，而強加給他們履行義務的一種方式。」[③] 由此，若將公司所有者與經營者之間的關係視作合同關係，那麼善意也就僅僅是解釋合同義務的一種工具，而該合同義務則當然地包含了忠實和注意義務。

美國公司法學界的諸多學者都認為善意是董事義務中的首要義務，其涵蓋了傳統中對董事所做出的忠實和注意的義務要求。比如，Hill 和 McDonnell 兩位教授指出：「在一個最高層次上，董事們便僅有一個信義義務，

---

① 弗蘭克·伊斯特布魯克，丹尼爾·費希爾. 公司法的經濟結構 [M]. 羅培新，張建偉，譯. 北京：北京大學出版社，2014：103.

② See Julian Velasco, A Defense of the Corporate Law Duty of Care, 40 Journal of Corporation Law 647, 696 (2015); Julian Velasco, How Many Fiduciary Duties Are There in Corporate Law？, 83 Southern California Law Review 1231, 1301 (2010).

③ David Rosenberg, Making Sense of Good Faith in Delaware Corporate Fiduciary Law: A Contractarian Approach, 29 Delaware Journal of Corporate Law 491, 513 (2004).

那就是忠誠地、勤勉地追求公司和股東利益的最大化。」① Loewenstein 在對 Stone 案作出評價時指出：「其實，特拉華州在對善意進行解釋時，選擇一個相反路徑也許更為容易，即將善意義務作為唯一的信義義務，將忠實、注意作為它的子集。如果善意意味著受託人必須服務於委託人的最大利益，則忠實與注意也就自然而然地被包含其中了。」② Griffith 認為，注意義務和忠實義務實際上屬於嵌入式的相互對立，而他們相互重疊的含義共同回答了公司法中的基礎性問題：某個決策或者交易是否可能利於公司利益。亦即，潛伏於該兩個義務之下的基礎問題實際上就是善意。③ 當然，其實注意和忠實義務到底應當屬於善意義務的上位概念還是下位概念並不重要，重要的是認識到善意屬於二者的共同要素。就如 Appleby 和 Montaigne 二人所表達的：「無論法院是將善意作為首要的信義義務而忠實和注意附屬於善意，還是將忠實和注意義務作為主要信義義務從而善意附屬於該二者，其實並沒有區別……只要認識到善意混雜於注意和忠實二者之中就是合適的。」④ 無論如何，上述學者所表達觀點的核心便是，無論董事（受託人）的信義義務採用兩分法、三分法，甚至還是五分法⑤，董事的義務所追求的基本價值終究都是「善意」所倡導的公司以及股東的最大利益，也即是說，

---

① Claire A. Hill & Brett H. McDonnell, Stone V. Ritter and the Expanding Duty of Loyalty, 76 Fordham Law Review 1769, 1788（2007）. 除此之外，二位學者還在另一篇文章中表達了相同觀點：「董事和高管對公司僅僅負有一個信義義務——主動地追求公司利益最大化的義務。忠實、注意和誠信義務分別解決了該義務的不同方面。」See Claire A. Hill & Brett H. McDonnell, Disney, Good Faith, and Structural Bias, 32 Journal of Corporation Law 833, 855（2007）.

② Mark J. Loewenstein, The Diverging Meaning of Good Faith, 34 Delaware Journal of Corporate Law 433, 443-444（2009）.

③ Sean J. Griffith, Good Faith Business Judgment: A Theory of Rhetoric in Corporate Law Jurisprudence, 55 Duke Law Journal 1, 43（2005）.

④ Andrew D. Appleby & Matthew D. Montaigne, Three's Company: Stone V. Ritter and the Improper Characterization of Good Faith in the Fiduciary Duty「Triad」, 62 Arkansas Law Review 431, 470-471（2009）.

⑤ 學者 Velasco 一方面認為僅存在一個基礎性的信義義務，那就是追求公司和股東的最大利益；另一方面則認為該基礎性義務可分為五個具體方面：注意義務、忠實義務、誠信義務，以及引導董事理性行為的客觀性義務和禁止董事浪費公司資產的合理性義務，從而形成了信義義務「五分法」的學說。See Julian Velasco, How Many Fiduciary Duties Are There in Corporate Law?, 83 Southern California Law Review 1231, 1301（2010）.

善意絕不應當僅僅專屬於信義義務的某一個方面，其應當共屬於或者共同引領忠實、注意乃至整個信義義務。

通過對上述成文法、判例法和理論學術界三個方面的考察，至少可以得出如下兩個基本結論：第一，善意的基本內涵就是要求，董事必須以其所合理相信的符合公司最大利益的方式履行其義務與職責；第二，正是由於善意標準就是公司利益最大化的標準，所以善意與注意義務有著必然的內在關聯性，因為信義義務制度的設立初衷本就是為了約束董事的行為以此保護公司的基本利益，而注意義務作為信義義務的一部分，也必然地應當以公司利益最大化作為目標與主旨，從而善意也就自然地成為注意義務所要求的基本的行為標準。

2.2.2 美國法院有將善意歸入忠實義務的趨向

2006年，美國特拉華州最高法院在 Stone 一案中將善意歸入忠實義務下，並且，「該案將 Caremark 框架下的董事監督義務置於忠實義務的情境下予以分析，而非（如傳統一樣）將其置於注意義務之下」[1]。在 Stone 案中[2]，Holland 法官認定本案應當遵循 Caremark 案所設立的審查標準，其認為，Caremark 案中所提到的董事持續地系統地未履行監督義務——比如徹底地未試圖去確保一個合理的信息報告系統的存在，與 Disney 案中所提出

---

[1] Peter D. Bordonaro, Good Faith: Set in Stone?, 82 Tulane Law Review 1119, 1132 (2008).

[2] Stone 案的案情如下：AmSouth 是一家註冊於特拉華州主要辦公地點位於亞拉巴馬州的一家公司，其旗下 AmSouth 銀行在美國東南部的六個州有數百個分支機構。2000年8月，位於田納西州的 AmSouth 銀行某分支機構員工在 Hamric 和 Nance 二人的虛假勸誘下，為該二人開立了投資者信託保管帳戶。該帳戶為二人所主導的投資項目的投資者進行利息分配，但該投資項目在投資性質和風險方面存在虛假陳述，最終二人的非法集資計劃在2002年3月因投資者未能及時收到月度利息被發現。在整個過程中，AmSouth 銀行員工對此帳戶表示過懷疑，但未依照聯邦銀行秘密法案和不同的反洗錢監管要求進行可疑活動報告的上傳與提交，因此，有關機構對 Amsouth 的合規報告系統在聯邦銀行秘密法案的基礎上進行了審查，並且在2003年和2004年，美國檢察官辦公室、美聯儲、亞拉巴馬州銀行部等部門陸續對 AmSouth 展開調查。最終，Amsouth 及其全資子公司 Amsouth 銀行為此支付了4,000萬美元的罰款和1,000萬美元的民事賠償來解決此問題。原告股東對 AmSouth 現任和前任的董事提起派生訴訟，聲稱被告未能適當地建立一個內部合規報告系統從而違反了其信義義務。See Stone ex rel. AmSouth Bancorporation v. Ritter, 911 A. 2d 362, 365-66 (Del. 2006).

的「董事面對已知的行為義務而故意不履行，從而構成有意漠視其職責」①這一非善意（惡意）行為相一致，因而，董事未履行監督義務應當通過善意這條路徑對董事予以追責②。但是，Holland 法官接著說道：「未以善意行事不是直接導致信義義務責任的行為。未以善意行事可能會導致責任，那是因為要求以善意行事是忠實義務下的一個要素或一個條件。」③ 由此，善意以及 Caremark 框架下的董事監督義務均被視為忠實義務下的附屬部分④。

---

① 在 Disney 案中，Chandler 法官列舉了如下三種可以表明董事惡意的情形：受託人故意不以促進公司利益最大化的目的行事；受託人以故意違反實定法的意圖行事；受託人在面對其已知的行為義務時故意不作為，由此證明有意漠視其職責。See In re Walt Disney Co. Derivative Litigation, 907 A.2d 693, 755–756（Del. Ch. 2005）.

② Stone ex rel. AmSouth Bancorporation V. Ritter, 911 A.2d 362, 369（Del. 2006）.

③ Stone ex rel. AmSouth Bancorporation V. Ritter, 911 A.2d 362, 369–370（Del. 2006）.

④ 對於 Stone 案將「有意漠視職責」這一董事不作為行為歸入到忠實義務規制領域的做法，美國的公司法理論界與實務界對其提出了諸多的批評與質疑。比如，Bainbridge 明確指出：「將善意歸入忠實義務，Stone 案件就將忠實義務的案件範圍擴大到被告沒有獲得經濟利益的情形。傳統的救濟方式也就無法適用。如此看來，對惡意行為的責任更像是強加於違反注意義務的案件中，而非忠實義務。」Lund 教授繼受了 Bainbridge 的觀點：「只要存在有意地漠視職責這一標準，則其是被理解為注意義務標準的。並且，在 2003 年 Disney 一案反覆重申有意漠視職責標準屬於惡意之前，102（b）(7) 免責條款表現出了對董事有意漠視職責的指控予以免責的趨向。」還如，Rosenberg 對 Stone 一案的判決意見提出質疑：「Stone 案件過後，某些違反注意義務的行為（比如故意違反）將不會受到商業判斷規則的保護，因為其將構成違反忠實義務。」再如，Eisenberg 教授在其文章中同樣指出：「管理者有時會漠視其職責。這些漠視行為通常總是構成注意義務的違反（雖然管理者可以基於商業判斷規則、重大過失審查和公司認證的保護條款而免擔責任）。」此外，Chandler 法官在 McPadden 一案中對 Stone 一案作出如下評述：「（Stone 案）法院從原來一度被視為導致違反注意義務的重大過失行為的行為範圍中，挖掘出一個具體行為類型——故意失職或者有意漠視其職責——並將其重新定義為惡意行為。」以上觀點均說明，其實 Stone 一案中「有意漠視職責」這種董事不作為行為，一直以來都屬於董事注意義務的規制領域。以上文獻分別參見：Stephen M. Bainbridge et. Al., The Convergence of Good Faith and Oversight, 55 UCLA Law Review 559, 585（2008）; Andrew C. W. Lund, Opting Out of Good Faith, 37 Florida State University Law Review 393, 416（2010）; David Rosenberg, Supplying the Adverb: The Future of Corporate Risk-Taking and the Business Judgment Rule, 6 Berkeley Business Law Journal 216, 232（2009）; Melvin A. Eisenberg, The Duty of Good Faith in Corporate Law, 31 Delaware Journal of Corporate Law 1, 62（2006）; McPadden V. Sidhu, 964 A.2d 1262, 1274（Del. Ch. 2008）.

Stone 一案的判決意見具有如下意義：第一，否決了信義義務「三分法」。「在 Stone 案件過後，特拉華州法律將三個信義義務的構架又轉變為最初的兩分法構架：忠實和注意」①。對於其原因，Holland 法官解釋道：「雖然善意也許被描述為包括注意、忠實在內的信義義務的一部分，但善意義務不能與注意、忠實一樣成為獨立的信義義務。只有在違反注意義務或者忠實義務時才會直接導致責任，未以善意行事同樣也會導致責任，但其為間接地導致責任。」② 第二，忠實義務不再局限於僅涉及經濟或其他利益衝突的情形之下。特拉華州最高法院在本案中採納了衡平法院 Strine 法官將 Caremark 框架下的監督義務歸入忠實義務的意見③，自此，忠實義務所規制的領域就不再僅僅局限於傳統的利益衝突的情形，其還涵蓋了原本屬於注意義務的監督義務情形。

2.2.3 善意被歸入忠實義務有其深刻的歷史根源

其實，特拉華州法院將善意歸入忠實義務有其深刻的歷史根源，中國在借鑑美國善意這一司法認定的要素時，應當在對其歷史根源清晰的認識的基礎上，再決定中國應當如何對待善意這一要素，切忌一味盲目地跟隨美國忠實義務強勢擴張的司法路徑。本部分將從立法、司法兩個方面的歷史性因素，來論證將善意歸入忠實義務是歷史作用的結果，而非理念和邏輯上的必然結果。

2.2.3.1 善意被歸入忠實義務的立法根源

《特拉華州普通公司法》102（b）(7) 免責條款是將善意歸入忠實義務的歷史源頭，而《特拉華州普通公司法》102（b）(7) 免責條款又是 Smith V. Van Gorkom 案判決結果的產物。在 Gorkom 一案中，特拉華最高法院以被告董事會在批准公司合併交易中存在嚴重的程序性瑕疵為由，而認定被告

---

① Andrew S. Gold, The New Concept of Loyalty in Corporate Law, 43 U. C. Davis Law Review 457, 471 (2009).

② Stone ex rel. AmSouth Bancorporation V. Ritter, 911 A.2d 362, 370 (Del. 2006).

③ 在 Guttman 一案中，Strine 法官認為：「雖然 Caremark 一案的判決可以被適當地視為在董事監督他們公司的合規標準時所應盡到的注意義務，但是其所採用的直接和故意的措辭，則使得該意見所描繪的未履行監督職責的責任標準變為，要求原告證明董事因未基於善意履行其義務而導致違反了忠實義務。」See Guttman V. Huang, 823 A.2d 492, 506 (Del. 2003).

存在重大過失，從而判定被告承擔注意義務責任。[1] 該案件判決結果引起了美國理論界和實務界的廣泛爭議，尤其是「該案件中所過分強調的形式主義受到了廣泛的批評，特別是鑒於被告董事會成員們的卓越才能以及他們對公司背景知識掌握的深度、該案所涉及的大量溢價、投資銀行認為該股每股 55 美元的價格是一個獲得可能性較低的公平價格等一系列特殊情形之下」[2]，法院最終依然認定被告董事負有個人責任。因此，「公司法律師界通常將此視為一個極其殘暴的判決結果。理論評論員們預測董事們接下來所面臨的將是一個可怕的後果」[3]。此外，該案對董事所苛以嚴格的責任標準，致使董事高管責任保險的增加和保險費率的大幅提高[4]。為了對 Gorkom 一案判決結果的消極影響予以回應與彌補，特拉華州立法機構在 1986 年修正了《特拉華州普通公司法》，增加了全新的 102（b）(7) 條款。該條款作出如下規定：公司董事因違反信義義務而給公司或者股東造成經濟損失的，公司章程可以排除或者限制董事的個人責任，但公司章程不得在以下情形排除或者限制董事個人責任：①董事違反對公司或股東的忠實義務；②其行為或者疏忽屬於非善意，或者此行為涉及有意不當行為或者故意違法；③本章第 147 條所規定的情況；④董事從交易中獲取不當個人利益。由此可見，該免責條款直接允許公司章程排除或者限制董事的注意義務責任，但不得排除或者限制董事忠實義務以及董事的非善意行為。

正是由於特拉華州的公司立法中存在著排除和限制董事注意義務責任，但未排除董事忠實義務和善意義務責任的 102（b）(7) 條款，所以，特拉華州最高法院決定捨棄善意義務獨立化的信義義務「三分法」時，其所面臨的選擇路徑也就僅此一條，那就是將善意歸入忠實義務下。就如科羅拉多州立大學法學教授 Loewenstein 在對 Stone 一案作出點評時所述：「為什麼特拉華州最高法院不像 Allen 法官一樣將系統性地未履行監督職責視為違反

---

[1] See Smith V. Van Gorkom, 488 A. 2d 858, 874-878 (Del. 1985).

[2] Christopher M. Bruner, Good Faith, State of Mind, and the Outer Boundaries of Director Liability in Corporate Law, 41 Wake Forest Law Review 1131, 1141 (2006).

[3] Bayless Manning, Reflections and Practical Tips on Life in the Boardroom After Van Gorkom, 41 Business Lawyer 1, 1 (1985).

[4] See Christopher M. Bruner, Good Faith, State of Mind, and the Outer Boundaries of Director Liability in Corporate Law, 41 Wake Forest Law Review 1131, 1142-1143 (2006).

注意義務？該問題的答案則要追溯至 Gorkom 案件和 102（b）(7) 條款。如果未盡到監督職責是一個注意義務下的主張，則 102（b）(7) 免責條款也許會阻礙公司和原告尋求救濟，但如果將其作為一個忠實義務下的主張則不會發生同樣的結果。」① 即是說，Stone 案件只有採用忠實義務的歸入路徑才能保證公司和股東獲得救濟的可能，若採用注意義務歸入路徑，則會因 102（b）(7) 免責條款的存在使得公司和股東無法獲得應有的救濟。再如，美國著名公司法學者、加州大學洛杉磯分校法學教授 Bainbridge 闡述道：為何特拉華州最高法院肆無忌憚地曲解 Caremark 案件（即將 Caremark 框架下監督義務視為忠實義務），其中一個可能的原因便為：「通過把 Caremark 歸入善意，從而法院可以使得違反 Caremark 注意義務的行為不得基於 102（b）(7) 而被免責。」② 只有將善意歸入忠實義務才能免受《特拉華州普通公司法》102（b）(7) 免責條款的困擾，如果將善意歸入注意義務或者將善意視為注意義務、忠實義務的共有要素，則善意將會因 102（b）(7) 條免責條款的存在而陷入無用的境地③。正是由於 102（b）(7) 這一立法根源，將善意以及 Caremark 框架下的監督義務重新歸入忠實義務便成為一個歷史性的必然結果。

2.2.3.2 善意被歸入忠實義務的司法根源

在特拉華州修訂其普通公司法以允許公司章程免除董事的注意義務責任之後，美國其他各州公司法紛紛效仿此種制度設計。然而，「當董事們的流動性趨於穩定之時（即公司董事們的行為不再受到法律的威脅之時），他們對公司管理層所應盡到的勤勉和監督職責卻被無恥而又貪婪的管理層所

---

① Mark J. Loewenstein, The Diverging Meaning of Good Faith, 34 Delaware Journal of Corporate Law 433, 445 (2009).

② Stephen M. Bainbridge et. Al., The Convergence of Good Faith and Oversight, 55 UCLA Law Review 559, 597 (2008).

③ 除此之外，有學者指出，其實 Cede 一案將善意義務予以獨立也同樣是為了對 102（b）(7) 條款作出回應，以對某些嚴重違反注意義務但卻又與傳統忠實義務無關的行為通過善意進行追責。See Edwin W. Hecker, Jr., Fiduciary Duties in Business Entities Revisited, 61 University of Kansas Law Review 923, 954 (2013); 還有學者指出：由於特拉華州最高法院受到了 102（b）(7) 免責條款的影響，致使將一些本應當適用注意義務分析框架進行審理的案件，轉而置於 Unocal 加強型的司法審查框架框之中。See Stephen J. Lubben & Alana Darnell, Delaware's Duty of Care, 31 Delaware Journal of Corporate Law 589, 627 (2006).

侵蝕與俘獲」①。公司董事會被「侵蝕與俘獲」的典型例證即為21世紀初期的安然、世通等一系列公司治理醜聞事件的爆發②。在此背景下，美國國會頒布薩班斯法案（Sarbanes-Oxley）、SEC修正諸多信息披露導向的公司治理監管規則、紐約證券交易所採納新的公司治理監管規則以引入新的核查與制衡機制③，以對公司治理醜聞以成文規則的形式作出回應。面對聯邦層面的立法之手伸向公司治理領域的態勢愈演愈烈，執美國公司法之牛耳的特拉華州對此必須有所回應，就如特拉華州法院首席法官Veasey所表明的：除非特拉華州想要將公司法與公司監管讓位於聯邦政府，則其就必須有所行動④。作為對聯邦立法威脅的回應，特拉華州法院在董事的信義義務層面則具體體現為對「善意」這一概念的司法適用，「法院援引『善意』這一理念的目的就是為了預先地阻止可能會威脅到特拉華州作為全國首要的公司監管者的聯邦公司治理改革」⑤。就如Griffith所述：「善意僅僅是特拉華州所運用的一個語言修辭工具，該語言修辭工具的目的和效果是為了放鬆對特拉華州司法理念的限制，以使得法官可自由轉變董事授權與董事責任之間的平衡關係，以回應公司搬遷和聯邦介入這兩個威脅著特拉華司法機構作為公司法律創造者主導地位的外部性壓力。」⑥

由此可見，善意在美國司法界尤其是在特拉華州司法界的主要用途是，將其作為一個解釋工具以及司法認定與審查的標準，從而實現對董事的不當行為，尤其是董事嚴重地違反注意義務而又與傳統的忠實義務無關的不當行為予以追責，以此來對公司治理醜聞作出回應，從而達到阻止聯邦層

---

① Carter G. Bishop, Directorial Abdication and the Taxonomic Role of Good Faith in Delaware Corporate Law, 2007 Michigan State Law Review 905, 908 (2007).

② See E. Norman Veasey, Corporate Governance and Ethics in the Post-Enron Worldcom Environment, 38 Wake Forest Law Review 839, 839-840 (2003).

③ See Hillary A. Sale, Delaware's Good Faith, 89 Cornell Law Review 456, 456-457 (2004).

④ See E. Norman Veasey, State-Federal Tension in Corporate Governance and the Professional Responsibilities of Advisors, 28 Journal of Corporation Law 441, 443 (2003).

⑤ Renee M. Jones, The Role of Good Faith in Delaware: How Open-Ended Standards Help Delaware Preserve Its Edge, 55 New York Law School Law Review 499, 505-506 (2011).

⑥ Sean J. Griffith, Good Faith Business Judgmen: A Theory of Rhetoric in Corporate Law Jurisprudence, 55 Duke Law Journal 1, 8 (2005).

董事注意義務的司法認定：美國的經驗和中國的再造

面的立法領域逐步向公司法、公司治理領域滲透的根本目的。更進一步而言，善意的目的就是為了懲處違反注意義務程度較重的董事不當行為，使一些違反注意義務足夠嚴重的情形可以上升到惡意（bad faith）的層面，從而董事在此時無法通過 102（b）(7) 條款予以免責，最終可通過善意這條路徑實現對董事的追責。從此處可以清晰地看到，善意所包含的內容就是原來注意義務的應有內容，「特拉華州將善意用作追究董事注意義務個人責任的『後門』」①。從本質上講，善意的興起其實就是為了給排除和限制董事注意義務責任的 102（b）(7) 條款「買單」，正是因為存在排除限制董事注意義務責任的 102（b）(7) 條款，從而變相地降低甚至抵消了董事的勤勉與監督責任，從而致使一系列公司治理醜聞事件的發生，而特拉華州法院在此時又不得不對與傳統忠實義務無關的董事不當行為予以規制，此時特拉華州法院所運用的工具或者標準，便是特拉華州公司法中所一直保有但也一直沒有得到正面解釋的「善意」概念。那麼，在特拉華州最高法院選擇將信義義務「三分法」又重新迴歸到「兩分法」之時，其自然地、同時也是必然地給予善意的定位與劃分也便是置於忠實義務之下，絕不會將善意置於注意義務之下或者將善意作為注意和忠實義務的共屬要素，因為如果採納後者，善意將不能實現其對董事不當行為予以追責的歷史使命。

從上述善意興起和發展的歷史根源的考察可得知，善意被歸入忠實義務是一個歷史作用的結果。正是因為善意被歸入忠實義務是一個歷史性的必然結果，而不是一個理念上的、邏輯上的必然結果，所以，上述歷史根源並不能說明善意的實質理念僅僅與忠實義務存在關聯關係、而與注意義務卻毫無瓜葛。就如 Thompson 教授所言，善意的興起主要基於如下原因：「第一，法院將善意適用於對某些符合傳統的董事行為要求，但該行為決策其實並不理智的董事行為的審查；第二，將善意作為一種規避適用 102（b）(7) 免責條款的工具。」② 因此，不能因為 Holland 法官將善意（惡意）歸入忠實義務，就全盤否定注意義務與善意（惡意）之間的關聯性。Holland 法官及其所代表的特拉華州最高法院將善意歸入忠實義務，是特拉華州的

---

① Christopher A. Yeager, At Least Somewhat Exaggerated: How Reports of the Death of Delaware's Duty of Care Don't Tell the Whole Story, 103 Georgetown Law Journal 1387, 1396 (2015).

② Robert B. Thompson, The Short, but Interesting Life of Good Faith As an Independent Liability Rule, 55 New York Law School Law Review 543, 544 (2011).

立法及司法歷史所導致的一個必然結果，也是特拉華最高法院選擇信義義務「兩分法」下唯一的選擇路徑。善意（惡意）不僅可以適用於忠實義務的司法認定之下，而對於注意義務的司法審查與認定同樣可以適用。

2.2.4 中國不應照搬美國忠實義務擴張的實踐路徑

根據以上分析與論證，至少可得出以下兩個基本結論：第一，美國特拉華州將善意歸入忠實義務有其深刻的歷史緣由。由於1986年《特拉華州普通公司法》102（b）(7) 免責條款的頒布，以及21世紀初期一系列公司治理醜聞事件的發生，導致聯邦層面先發制人地對公司治理制度進行大幅改革，這引發了特拉華州對聯邦立法領域向公司法蔓延的擔憂，由此，特拉華州立法和司法機構不得不對此做出實質性回應，而善意這一概念則是此次回應行動所採取的制度性工具之一，善意的功能更多的是對與傳統忠實義務無關的董事不當行為予以追責，而此類不當行為在特拉華州傳統公司法中其實更多的就是原本屬於注意義務的行為類型（典型的比如董事故意漠視其職責的不作為行為）。簡言之，由於歷史因素，特拉華州實質上更多的是將原注意義務的很多內容重新擴充進善意，再將善意融入忠實義務，最後使得忠實義務突破了原經濟利益衝突的限制，從而實現了忠實義務的強勢擴張。

第二，善意不應當被視為專屬於忠實義務抑或注意義務其中之一的特定要素，而應當屬於二者的共同要素。善意作為注意義務和忠實義務的共同要素是善意的本質含義所產生的必然結果，就如 Chandler 法官所述：「以善意行事，董事必須隨時基於誠信的目的和以公司利益和福利最大化行事……從根本上講，該（善意）義務在傳統上適用於公司受託人忠實和注意的分析，並且其也是引導所有受託人的行為之中忠誠、奉獻、誠信概念的構成要素。善意不僅要求公司受託人盡到注意和忠實義務，而且還要求其所有行為真正地忠實、奉獻於公司及其股東的利益。」[①] 因而，正是由於善意意指董事作為公司受託人必須為委託人的利益考慮並行事，其應當統領起整個董事信義義務的基礎框架，從而其也可以並應當適用於包括忠實、注意義務在內的整個信義義務的司法認定與審查的過程之中。中國與美國的公司法的發展歷史大相徑庭，中國既不存在類似於 102（b）(7) 允許公

---

① In re Walt Disney Co. Derivative Litigation, 907 A. 2d 693, 755 (Del. Ch. 2005).

董事注意義務的司法認定：美國的經驗和中國的再造

司章程免除董事注意義務的免責條款，同時也不存在美國式的立法體制和司法環境，因而，鑒於歷史因素及善意本身的含義因素，中國在董事注意義務的司法實踐中，完全可以對善意具體的司法適用作一經驗借鑒。至於美國特拉華州對善意的歸屬認定，對中國董事注意義務司法認定的改造並不會產生過多的影響。

其實，美國特拉華州將善意歸入忠實義務導致了諸多的不良後果。第一，此舉造成信義義務法律後果的嚴重混亂。通常，董事違反忠實義務的法律後果是形成公司向董事主張的「歸入權」，並附帶公司不當交易的無效或者終止，也即在董事違反忠實義務的責任便是董事應當將其從交易中所獲取的不當利益返還給公司。然而，善意情形下更多的是不具有個人利益關係的董事因不當行為甚至不當決策而導致公司損失，也即此處並不存在董事通過某種交易或者某種行為獲得個人利益的情形，從而「歸入權」的法律後果也就無法適用到擴充後的某些忠實義務案件之中，就此造成了信義義務內部的救濟措施體系的紊亂。就如 Bainbridge 所述，「（忠實義務下的）公平交易概念與注意義務案件、涉及惡意案件的關聯度很小。其一，注意義務和惡意案件的問題不在於公平與否，而在於公司是否因決策失誤而遭受損失；其二，公平交易標準有很強的補償救濟意義，其中恢復損害就是公平交易案件的救濟方式之一。自我交易案件通常因行為人獲得個人利益而違反義務（故此救濟方式理所應當），但注意義務和惡意案件中卻沒有可償還的不當得利」[①]。其實，造成此種不良後果的根本原因還是在於，忠實義務的擴張內容有大部分本就應當歸位於傳統的注意義務之中。

第二，此舉可能使得法院對董事決策的實質性審查擴大化。忠實義務案件審查的著眼點在於，審查董事決策對於公司、股東是否是公平的，也即審查董事決策的實質性內容是否有利於公司、股東的利益，如果某交易屬於關聯交易但其有利於公司、股東的利益，則其也依然有效。基於此，在善意與忠實義務發生混同之後，尤其是將那些與忠實義務無關的行為類型混入忠實義務之後，法院完全有可能無限制地將實質性審查（商業決策的公平性審查）擴大化，因為對忠實義務的審查要點本就是決策的實質性內容，從而完全有可能將原本應適用事前形式審查的注意義務案件採用實

[①] Stephen M. Bainbridge et. Al., The Convergence of Good Faith and Oversight, 55 UCLA Law Review 559, 587–588 (2008).

質審查標準。比如 Lubben 和 Darnell 兩位教授就認為，Omnicare 一案法院便對本應適用注意義務框架進行分析的案件，反而採用了 Unocal 規則來對董事決策對於股東的合理性與公平性進行審查①。

第三，此舉將導致忠實義務外延的不確定性大大增加。在忠實義務強勢擴張後，摻入了善意要素的忠實義務將面臨極大的不確定性，由此可能導致原告股東對善意和忠實義務的邊界，以及能夠被商業判斷規則免責的情形進行無底線的試探，以致形成股東濫訴、派生訴訟激增的不利後果，最終由於訴訟的激增造成公司、股東的財富向公司界律師轉移的後果②。

通過以上歷史解釋和文義解釋的方法對善意的闡述，再加之美國忠實義務強勢擴張所引發的不良後果分析，也即通過對他國制度發展的歷史脈絡的深刻分析，中國在借鑒善意要素時不用也不應當完全照搬美國式的忠實義務擴張的實踐路徑，也即中國在借鑒善意這一要素的司法認定經驗時完全不必與美國一樣將善意完全歸入忠實義務之下，而應當遵循善意的本質意涵，將其作為注意義務和忠實義務的共屬要素，只需借鑒善意在司法過程中的具體適用即可。就此，對於中國董事注意義務的司法認定的改造而言，完全可以借鑒美國判例法中善意的相關經驗，以此來實現中國法院在董事注意義務案件中裁判思維與認定模式的改良。

2.3 美國經驗對中國董事注意義務認定再造的借鑒價值

2.3.1 更正合規與越權性認定的司法裁判思維

如 1.3.1 部分所述，中國法院在司法實踐中多將違法違規與違反公司章程作為追究董事注意義務責任的前提條件和審查焦點，這直接地將董事注意義務的司法認定限縮為公司董事合規義務與越權行為的司法認定，此舉將導致董事未違法違規的不當行為無法受到追責，而董事超越其章程授權

---

① See Stephen J. Lubben & Alana Darnell, Delaware's Duty of Care, 31 Delaware Journal of Corporate Law 589, 620−621 (2006).

② See Peter C. Kostant, Meaningful Good Faith: Managerial Motives and the Duty to Obey the Law, 55 New York Law School Law Review 421, 432 (2011); See Stephen M. Bainbridge et. Al., The Convergence of Good Faith and Oversight, 55 UCLA Law Review 559, 591−593 (2008).

但基於公司最大利益的善意行事的行為而受到不當追責。通過對美國公司董事注意義務判例法的梳理，我們可以發現美國法院在董事注意義務案件中的關注焦點與審查要素，比如可以瞭解美國法院在司法實踐中除了會將董事不當行為的違法違規性作為審查要點之一，還會對董事在決策或採取監督行為時所掌握的信息狀況和程序狀況進行充分考察。同時，還可探知美國法院對於董事注意義務責任的追責路徑，從而可對美國法院對董事注意義務責任的構成要件予以充分瞭解。綜合而言，美國經驗可以對中國法院的司法裁判思維作出如下兩點改良意義：其一，可以擴充中國法院對於董事注意義務司法認定的審查要素、關注焦點，突破原有的僅對董事不當行為的合規性與越權性進行認定審查的思維禁錮，進而使得董事的注意義務案件的評判結果更具公允價值；其二，中國法院多固定化地採用過錯責任下的侵權責任追責要件作為對董事注意義務責任的追責路徑，通過對美國法院董事注意義務責任的追責要件的考察，可以使中國法院突破原固定化、機械化的董事注意義務責任追究路徑，從而凸顯商事案件審判所應具有的案件特定性與靈活性色彩。

2.3.2 善意標準助益於審查認定標準的具體化

如前文 1.3.2 和 1.3.3 部分所述，雖然近年來中國部分法院在董事注意義務案件的審判過程中，引用了美國式的董事注意義務認定標準和定義，同時還援引商業判斷規則輔助案件的審理，但是，中國法院對於美國式注意義務定義的引用，大多僅僅只是形式意義上的參考，並沒有將其實際地作用於案件事實的具體審查之中，更沒有通過定義與認定標準的引用來變更原有的裁判思維。同時，援引商業判斷規則理念的多數案件，並沒有對商業判斷規則的適用進行詳細說明與具體分析，沒有說明適用商業判斷規則作出某裁判結果的事實性理由，缺乏必要的裁判說理，也即是適用了商業判斷規則也是用而不實。造成上述現象與問題的原因，可能應當歸咎於中國缺乏與董事注意義務相關的裁判指南，而法院對於境外的認定標準與原則又多少存在著畏難情緒，從而造成了中國法院對美國式的注意義務定義和商業判斷規則引而不用的後果。通過對商業判斷規則中最重要的善意要素的考察，一方面可以通過善意這一視窗探知商業判斷規則在美國董事注意義務案件中具體的運用方式；另一方面可以通過善意下公司股東利益最大化這一標準在案件中的實際運用，得知美國如何具體地將注意義務的

定義服務於司法實踐。美國判例法中的善意標準可以使中國法院對董事注意義務責任的認定標準具體明確化，從而避免出現對美國式注意義務定義與認定標準引而不用或者對商業判斷規則用而不實的問題現狀。

2.3.3 類型劃分助益於注意義務界限的明晰化

就如前文 1.3.4 部分所述，中國部分案件尚未明確地區分忠實義務和注意義務。當然，忠實義務和注意義務在實踐案件中存在著諸多的混雜性，許多案件的事實既存在董事個人利益的事實情節，同時也包括董事未盡其所能地履行其職責，從而導致案件判決書中對於忠實義務與注意義務兩個概念予以混用。但是，司法實踐中依然存在相當一部分案件，其案件事實有關被告董事未經充分考慮而魯莽地做出某行為或決策，因此而應當歸屬於注意義務的案件，但法院卻依然在判決書中將忠實義務與注意義務一併提出。從制度層面上講，造成此現象問題的原因應當歸咎於中國法律對於勤勉義務的界定尚付闕如，同時又缺乏與注意義務相關的規範性解釋文件或者案例審判指導，從而導致中國法院在忠實義務與注意義務的界定方面存在著一定程度的拿捏不清、把握不準的狀況。通過對美國注意義務分類的考察，一方面可以讓我們瞭解並借鑑其對注意義務的分類標準與分類情形，另一方面，更重要的是，通過對注意義務的分類考察，可以探知董事的注意義務具體包含哪些具體的義務類型，可以明晰董事注意義務的具體內涵與外延，從而可以得知注意義務與忠實義務的界限止於何處。美國對注意義務的類型劃分經驗可以使我們更加清晰地瞭解注意義務的具體含義及其內容，從而避免再次出現中國法院在注意義務案件下將注意義務與忠實義務混同共用的現象。

3 董事決策類注意義務的美國判例經驗剖析及中美判例比較

決策義務為董事注意義務傳統類別之一。根據美國《公司董事指南》，董事的決策類義務包括考慮和批准公司政策和戰略目標、評估和選任公司高級管理人員、批准重大支出和交易以及收購或出售重大資產[①]。本書將董事的決策類義務分為充分審慎地作出公司普通決策的義務和充分審慎地作出公司控制權交易決策的義務。前者主要包括聘任高管、任命某項公司業務主管以及出售公司資產等決策。後者則主要針對公司控制權的兼併與出售。本部分將對上述決策義務下的兩種義務類型進行分類探討，一方面探討美國法院在上述兩種義務中的關注焦點及其認定標準；另一方面將美國的判例與中國的判例進行類案比較，以明晰中美差異，為經驗借鑑做好鋪墊。

3.1 美國法院在公司普通決策義務中的關注焦點

在公司普通決策中，公司董事應當盡到充分審慎的考慮與斟酌，不得輕率魯莽、隨意武斷地做出某公司決策。就此，董事應當充分考量決策時公司所面臨的特定情形與事實因素，對決策方案進行充分的協商、討論與評估，並可結合第三方的諮詢或者分析意見，做出最有利於公司最大利益的決策（該類義務案件樣本詳見表3.1）。

[①] See The Corporate Laws Committee, ABA Section of Business Law, Corporate Director's Guidebook—Sixth Edition, 66 Business Lawyer 975, 986 (2011).

表 3.1　公司普通決策義務的美國案件概覽

案件名稱	審結年月	審理法院	被告身分	被告被訴行為簡介	判決結果
Brehm V. Eisner	2000 年 2 月	特拉華州最高法院	董事和高管	被告未對聘用協議和離職協議盡到審慎考慮和充分知悉	駁回原告訴求
In re Walt Disney Co. Derivative Litigation	2005 年 8 月	特拉華州衡平法院	董事和高管	被告未對聘用協議和離職協議盡到審慎考慮和充分知悉	駁回原告訴求
McPadden V. Sidhu	2008 年 8 月	特拉華州衡平法院	董事	被告未對公司子公司的出售項目的授權盡到合理注意，並在未盡到充分審慎考慮的情況下批准該筆出售交易	支持原告的注意義務訴求
In re Polycom, Inc.	2015 年 1 月	加利福尼亞州聯邦地區法院	董事	被告未對原 CEO 的離職協議盡到充分審慎的審查和知悉	駁回原告訴求

3.1.1 董事在決策時所明知或應知的事實信息

美國法院在審查和認定被告董事的決策行為是否盡到了合理的注意時，尤為關注被告董事在作出決策之時知道或者推定應知哪些特定事實與特定情形，這些事實與情形所供給形成的信息是否構成被告董事作出某決策的正當理由，從而以此來認定被告在作出決策時是否基於公司最大利益進行充分而審慎地考慮、是否基於善意作出某決策。更進一步而言，若董事在決策時所獲知的信息足以成為決策的正當理由、足以證明該決策的事前合理性，那麼，即便該決策在事後形成了不利結果，造成公司損失，也不應當認定為董事未盡到合理注意。

比如，在 Disney 一案中，[①] Chandler 法官在仔細審查與衡量所有的證據之後發現，被告董事會及薪酬委員會的成員基於以下信息和理由做出批准 Ovitz 聘用協議的公司決策：①在聘用協議的談判過程中，Ovitz 一直保持著第三方的角色；②Ovitz 以往相關行業的矚目成就足以說明他絕對是受到高

---

① Disney 案的案情請見前 44 頁腳註②。

董事注意義務的司法認定：美國的經驗和中國的再造

度尊重的行業人物①；③董事會成員都相信 Ovitz 所掌握的相關技能和經驗對於本公司而言極具價值，尤其是在公司面臨即將展開的重大併購交易、前總裁的意外去世、現任董事長兼首席執行官 Eisner 身患重病從而急需一位卓爾不群的領導者的特殊情況下；④為了接受 Disney 總裁的該份要約，Ovitz 離開並放棄了他非常成功的事業，這使得一個理性的人有理由相信他將會在其他行業的相似工作中同樣取得巨大成功；⑤潛在的薪酬對公司的經濟實力而言並不算什麼②。基於以上事實信息，足以認定董事在決策時盡到了其所應盡的充分考慮和善意，因為他們相信聘用 Ovitz 對於 Disney 而言絕對是一件收益大於薪酬成本的收益性行為。

再如，在 Polycom 一案中③，原告認為董事會在未經充分的考慮和評估原首席執行官 Miller 的不當行為的情況下，批准了其離職補償協議從而構成了公司資產浪費。但是法院認為，批准該離職協議並不構成公司資產浪費，雖然該協議向 Miller 提供了大額補償，但公司也因此受有相當的「對價」：離職協議條款避免公司在未來受到來自 Miller 的訴訟，但與此同時董事會卻

---

① Ovitz 以往成功而輝煌的職業生涯來源於，其在 CAA 公司（創新演藝經紀公司）的職業經歷。Ovitz 對 CAA 的崛起壯大所作的貢獻是一種自稱為「混合式包裹」的商業模式。就如 Ovitz 所述，在這之前，好萊塢的電影公司、分銷商或者網絡均是通過合同或者通過實際事實上所支配的能力資源來控制著人才系統。而 CAA 通過集結不同的人才（無論其是演員、導演還是編劇）改革了這一體系。Ovitz 的商業模式的影響是明顯的。在 1995 年，CAA 重塑了整個行業生態，並使 CAA 從一個「五個人坐在牌桌上」的公司變身為好萊塢首屈一指的人才經紀機構。在 Ovitz 加入 Disney 的時候，他留下了 550 名員工以及令人印象深刻的約 1400 名好萊塢頂級演員、導演、作家和音樂家的花名冊，該陣容為 CAA 創造了大約 1.5 億美元的年收入。作為回報，該成功轉換為 Ovitz 每年 2000 萬美元的薪酬收入，並且他一度被認為是好萊塢最有權勢的人物之一。See In re Walt Disney Co. Derivative Litigation, 907 A. 2d 693, 700-701（Del. Ch. 2005）.

② See In re Walt Disney Co. Derivative Litigation, 907 A. 2d 693, 770-771（Del. Ch. 2005）.

③ Polycom 案的案情如下：Polycom 是一家位於美國聖何塞市提供視頻和電信系統服務的公司。在 Miller 任職 Polycom 公司的 CEO 期間，其被指控不當地報銷了大量個人費用。公司董事會在得知相關信息後立馬對 Miller 展開調查，在調查之後，Miller 提出辭職並由董事會批准了 Miller 的離職協議，離職協議約定了離職安排以及高額的離職補償。原告認為，被告董事會未對離職協議盡到充分審慎的考慮，以至於在沒有充分評估 Miller 的不當行為的情況下，不合理地給予 Miller「金色降落傘」待遇，從而造成公司資產的浪費，違反了其所應盡的信義義務。See In re Polycom, Inc., 78 F. Supp. 3d 1006, 1011（N. D. Cal. 2015）.

保留有對 Miller 提起訴訟的特權；在更換領導的過渡期間 Miller 必須協助工作事務；Miller 自願向董事會提起辭職而不用董事會投票表決；其他諸如非歧視、反招攬等合同保護條款①。基於上述特定情形，可以認定被告董事會並沒有漠視和忽略公司、股東的基本利益，反而其在批准協議時具備正當理由並盡到了基本的考慮，因此而不能認定被告董事未盡到合理注意。

然而，與上述情形相反的是，如若董事在決策時所知道或者推定應知的信息並不能成為決策的正當理由，甚至此類明知或推定應知的信息反而足以證明被告董事的過失與惡意，則可以認定被告董事的注意義務責任。比如，在 McPadden 一案中②，法院通過如下事實推定被告董事會在將子公司出售項目主導權授權給子公司的高管 Dubreville 時，以及批准該筆交易時，未盡到合理注意：①在 2005 年 2 月的董事會會議上，Dubreville 已經向董事會表達了進行管理層收購的意願及可能性，由此說明董事會應當知道 Dubreville 有興趣收購子公司 TSC；②在 2005 年 4 月的董事會會議中，董事會討論審議了某文件，而該文件明確闡述了 Dubreville 在為 TSC 招攬潛在收購者時所接洽的意向公司，由此說明被告董事會應當知道 Dubreville 沒有與 TSC 的直接競爭對手接洽（尤其是該競爭對手在 2003 年欲以 2500 萬美元的價格收購 TSC），從而應當知道出售價格沒有達到最大化；③被告董事明知出售方案和估價是由 Dubreville 做領導的團隊所做出③。基於以上基本事實可以推定被告董事在批准子公司的出售交易時，應當知道其授權有所不妥、應當知道交易價格不充分，從而可據此認定被告沒有基於公司、股東利益最大化的方式盡到其審慎考慮和合理注意的義務。

---

① See In re Polycom, Inc., 78 F. Supp. 3d 1006, 1019（N. D. Cal. 2015）.

② McPadden 案的案情如下：i2 科技公司是一家總部位於得克薩斯州、註冊於特拉華州的公司，其主要業務是銷售供應鏈管理軟件並提供相關諮詢服務。交易服務公司（TSC）是 i2 科技公司的一家全資子公司。在 2005 年 6 月，i2 科技公司董事會批准了將其全資子公司 TSC 以 300 萬美元的價格賣給當時是 TSC 副總裁的 Dubreville 所領導的管理層團隊。兩年後，Dubreville 以超過 2500 萬美元的價格將 TSC 出售給了其他公司。原告指控董事會在知道 Dubreville 有興趣購買 TSC 的情況下將此次出售任務的主導權授權給他，並且在明知將 TSC 出售給 Dubreville 團隊的價格遠遠沒有達到 TSC 公平市場價格的情況下批准了該筆出售交易，從而董事會因對出售決定的批准沒有盡到充分知悉、沒有基於善意促進公司最大利益而違反了其信義義務。See McPadden V. Sidhu, 964 A. 2d 1262, 1263-1268（Del. Ch. 2008）.

③ See McPadden V. Sidhu, 964 A. 2d 1262, 1271-1272（Del. Ch. 2008）.

3.1.2 董事所採取的決策程序的完備性

除了根據董事所獲知的信息來判定董事在決策時是否盡到了以公司利益為主導的深思熟慮，法院還會通過被告董事決策程序的完備性與否來認定被告是否存在過失或是否盡到了善意。比如在 Disney 案中，法院便通過以下四點來認定被告董事在決策程序方面並不存在重大瑕疵：①討論聘用決策的董事會會議具備充足的召集時間，並將會議事由提前向各董事會成員明確告知，且在一個多月之後才向外發布新聞稿；②雖然董事會會議時間大約僅持續了一個小時，但是所有成員都提前得知了此次會議將討論總裁聘用問題，並且在會議開始之前各成員已提前對聘用協議的忠誠性與可靠性進行了非正式討論；③雖然董事會成員未對聘用協議的全部內容進行審查與討論，但董事會對協議的關鍵條款予以審查與討論並由薪酬委員會主席 Russell 進行陳述，同樣可說明其盡到了應盡的決策程序；④董事會成員均支持該項聘用決定，均認為此次聘用將給 Disney 帶來福音①。然而，與此相反的是，在 McPadden 案中，董事會成員在批准出售子公司交易的決策程序中存在著諸多不當之處：i2 科技公司董事會所審議的出售策劃方案和初步估價預測均是由 TSC 的副總裁的 Dubreville 所主導，也即，董事會所審查和討論的策劃方案與估價預測均由具有利益關係的未來「買方」所提供；此外，董事會在將出售 TSC 的任務授權給了一個潛在的購買者之後，其並沒有對出售程序進行過適當的監督，其也沒有對 Dubreville 在為 TSC 招攬要約過程中的三心二意進行過查驗②。

3.1.3 董事善意信賴專業諮詢意見下的免責

由於公司董事不可能對公司所有的商業營運事務做到事必躬親，同時董事的專業知識與個人技能在當今日益擴展的公司業務面前也顯得捉襟見肘，因此董事有權利對外部專家顧問的諮詢意見以及分析報告予以合理的信賴。亦即，如若公司決策的程序存在某種瑕疵，則董事可以以其合理地信賴專家諮詢意見作為抗辯理由。不過，該抗辯必須以董事的信賴出於善

---

① See In re Walt Disney Co. Derivative Litigation, 907 A. 2d 693, 767-769 (Del. Ch. 2005).

② See McPadden V. Sidhu, 964 A. 2d 1262, 1272 (Del. Ch. 2008).

意為前提。如何推翻董事信賴專家意見的善意假定？Disney 一案對此提出，原告應當舉證證明被告董事會的成員已經合理地得知了有關信息，而該有關信息可以使得董事會成員合理地相信專家諮詢意見存在不精確性和不完備性，或者該有關信息可以使得董事會成員合理地相信該諮詢意見或分析報告不屬於此專家顧問的專業能力範圍之內[1]。此外，原告欲求推翻董事信賴專家意見時的善意假定，還可以通過證明如下事實來實現：專家顧問的篩選過程沒有盡到合理注意或者沒有基於公司利益，而該不當的篩選程序應當歸咎於董事；相關問題信息極為重要且可合理獲得，以致使即便在沒有專家意見的情況下，董事未對該信息予以瞭解與掌控也足以構成重大過失；董事會的決策明顯不合理以致使構成公司資產浪費和詐欺[2]。

3.1.4 善意標準在上述關注焦點中的具體適用

通過以上對法院關注焦點的總結可發現，美國法院在審查公司董事作出公司決策時是否盡到了充分而審慎的思考與注意、是否盡到了以公司最大利益為導向的善意時，其最主要的關注點在於兩個方面：信息和程序。

首先，就信息而言，無論是考察董事決策時是否盡到深思熟慮的善意還是考察董事信賴專家意見是否出於善意，都離不開對董事是否獲知信息、知道或者推定應當知道何種信息的判別與考察。一方面，董事是否獲知信息的善意認定標準在於，董事必須對可以合理獲得的重大信息予以知悉。不過值得注意的是，「判斷董事決策的信息部分不是意味著董事會必須知悉所有事實。董事會僅僅有職責考察可以合理獲得的重要信息，而不是那些不重要或者董事會不能合理獲取的信息」[3]。另一方面，董事知道或者應當知道何種信息的善意認定標準在於，通過相關事實直接證明或者間接推定，董事在事前決策時知道或者應當知道某些信息。而這些信息可以導致得出以下兩個結果：其一，董事所明知或應知的信息足以說明董事決策時所面臨的特殊情形和外部環境，並且這些信息足以證明董事做出此種決策的正當理由，足以說明做出此種決策在決策當時看來、在事前看來是有利於公司最大利益的，從而認定董事的善意（比如 Disney 案中，董事所面臨的決

---

[1] See In re Walt Disney Co. Derivative Litigation, 907 A.2d 693, 770 (Del. Ch. 2005).

[2] See Brehm V. Eisner, 746 A.2d 244, 262 (Del. 2000).

[3] Brehm V. Eisner, 746 A.2d 244, 259 (Del. 2000).

策情形便是公司原總裁去世、現董事長生病而公司的諸多重大業務急需一位卓爾不群的領導者，而 Ovitz 以往光鮮亮麗的職業生涯與地位使得 Disney 董事會堅定地相信此雇傭決策對公司而言絕對意義非凡，等等，這一系列信息足以證明做出決策的正當理由）。其二，董事所明知或應知的信息足以證明，被告董事應當知道此種決策中包含有某些不利於公司最大利益的事實與因素，從而由此可以說明被告董事的此種決策並未盡到在深思熟慮的基礎上以公司最大利益著想的善意（比如 McPadden 一案中，董事在應當知道子公司的高管有收購子公司的興趣的情況下，依然將子公司的出售任務授權於該名高管；董事應當知道出售子公司的價格並未達到最大值，依然批准了出售子公司的決策。這一系列信息足以證明被告董事應知其所做出的決策中所包含的不利於公司利益的因素）。

其次，就程序而言，法院在程序方面主要聚焦於董事決策程序是否存在重大瑕疵，如果董事的決策程序存在重大瑕疵，則法院一般會認定被告董事存在過失甚至重大過失，並對董事追責。但是，並不能孤立單獨地以董事決策的程序要件作為董事是否違反注意義務的唯一標準。換言之，一個完備的決策程序對於董事遵守注意義務而言是一個充分條件而非必要條件，亦即，完備的決策程序可以說明被告董事在決策時盡到了以公司利益著想的善意，然而，當決策程序存在瑕疵甚至重大瑕疵時，也依然不能直接地認定被告董事的決策行為是惡意的。因為即便程序形式存在瑕疵，但董事通過其所知悉的信息足以證明做出此番決策的正當理由、足以表明其在決策時盡到了充分而審慎的考慮，此時並不能認為董事在決策時輕率魯莽、未盡到充分斟酌，從而在此時，案件事實依然可以說明其善意行事，並未違反注意義務。因此，對於公司決策類案件中董事注意義務的認定標準，應當採納整體主義的審查認定視角，應當結合董事所知道或者應當知道的信息狀況進行綜合認定。

3.2　美國法院在公司控制權交易決策義務中的關注焦點

公司董事審慎作出公司控制權交易決策的義務，可追溯至美國特拉華州最高法院的 Revlon 一案。該案指出：「當公司控制權的出讓變得不可避免時，公司董事會的義務由原來的保護公司轉變為在出售股東利益份額時最

大化公司價值，董事們的角色也就從原來的公司保護措施的防衛者變為在出售公司時為股東獲取一個最高價格的拍賣者。」① 即是說，董事在公司控制權變動情形下的主要義務就是，為股東盡其所能地爭取一個最高的出售價格。不過，Revlon 案所賦予董事的義務在當下已遠非是一個拍賣義務，而是讓董事在出售公司時合理作為的義務②。就如 Veasey 法官所述：「為了達到此（股東價值最大化的）目標，董事們尤其必須盡到勤勉。特別是，法院尤為強調董事會在出售公司控制權的協商談判中充分知悉的重要性。」③因而，公司控制權交易情形下董事追求股東利益最大化的義務自然地應由注意義務來調整（該類義務案例樣本詳見表 3.2）。

表 3.2 公司控制權交易決策義務的美國案件概覽

案件名稱	審結年月	審理法院	被告身分	被告被訴行為簡介	判決結果
Smith V. Van Gorkom	1985 年 1 月	特拉華州最高法院	董事	董事會協商討論和批准公司出售交易的程序存在重大瑕疵	支持原告訴求
Barkan V. Amsted Industries, Inc	1989 年 12 月	特拉華州最高法院	董事	董事會在批准管理層收購時，未能對收購價格的合理性盡到充分的調查	駁回原告訴求
Paramount Communications Inc. V. QVC Network Inc	1993 年 12 月	特拉華州最高法院	董事	董事會在批准公司合併交易時未盡到充分知悉和充分考慮的義務，以致未能實現股東價值的最大化	支持原告訴求
Alidina V. Internet.com Corp	2002 年 11 月	特拉華州衡平法院	董事	董事會在協商和批准公司出售交易中未盡到充分知悉和充分考慮的義務	支持原告訴求

---

① Revlon, Inc. V. MacAndrews & Forbes Holdings, Inc., 506 A. 2d 173, 182 (Del. 1986).

② See Brandon Mordue, The Revlon Divergence: Evolution of Judicial Review of Merger Litigation, 12 Virginia Law & Business Review 531, 545 (2018).

③ Paramount Communications Inc. V. QVC Network Inc., 637 A. 2d 34, 44 (Del. 1993).

表3.2(續)

案件名稱	審結年月	審理法院	被告身分	被告被訴行為簡介	判決結果
Lyondell Chemical Co. V. Ryan	2009年4月	特拉華州最高法院	董事和高管	董事會討論和批准公司出售交易的時間較為倉促，以致未能通過談判形成一個更好的合併協議條款、未能尋求一個潛在的價格更高的交易	駁回原告的訴求
In re Smurfit-Stone Container Corp. Shareholder Litigation	2011年5月	特拉華州衡平法院	董事	董事會未對公司的真實價值等信息予以充分知悉，以致未能最大化股東價值	駁回原告訴求
Koehler V. NetSpend Holdings Inc	2013年5月	特拉華州衡平法院	董事	董事會所採取的公司出售程序存在瑕疵，致使存在沒有為股東爭取最優價格的合理可能性	駁回原告訴求
In re Plains Exploration & Production Co. Stockholder Litigation	2013年5月	特拉華州衡平法院	董事	公司董事會在批准公司出售決定之前未進行充分的市場出售程序和市場調查程序，致使未能為股東爭取到最優價格	駁回原告訴求

3.2.1 董事對市場信息獲取與知悉的程度

在公司控制權交易決策義務案件中，法院的第一個關注焦點便為：在董事們作出決策之前，其對市場信息是否進行了充分地獲取與知悉。就如Barkan案中的Walsh法官所述：「充分的信息在董事會所必須進行的交易評價程序中占據著核心地位。」[①] 董事們在作出公司控制權決策之前，其必須瞭解與知悉公司所收到的要約價格是否處於合理區間範圍內、是否還有提高的空間；在市場中是否還存在有其他出價更高的潛在購買者；若存在兩個及以上的要約者，董事會還應當在充分信息的基礎上，對兩個要約進行

---

① Barkan V. Amsted Industries, Inc., 567 A. 2d 1279, 1287 (Del. 1989).

比較以決定哪個交易或者某可替代的行為可以為股東合理地提供最優價值[1]。市場信息的獲取與知悉主要通過兩個途徑來實現：其一，董事們主動積極地進行市場信息的搜尋，其可以通過市場檢驗、市場調查的方式來實現，也可通過其他替代性的方式來實現；其二，董事們可以通過聘用專業諮詢顧問團隊，由專業諮詢顧問團隊的評估報告與分析意見來為董事們提供市場信息。

首先，就董事們主動積極地獲取市場信息而言，美國法院通常認為，「董事會在履行此職責的過程中並沒有唯一所必須遵循的藍圖……一個董事會的行為必須在相關的情境下來評價，以決定其是否承擔了合理的勤勉和盡到了善意。」[2] 因此，即便董事會在批准交易決策之前，並沒有進行任何主動的市場調查或市場檢驗程序，但其靈活地採用其他替代性的方式來實現市場信息的獲取，此時依然可以認定被告董事盡到了為公司、股東利益考慮的善意。

比如，在 Koehler 一案中[3]，原告因被告董事會未進行市場檢驗程序從而認為其在公司出售程序中未盡到其基本的勤勉，但是法院發現：被告董事會在對潛在收購者清單進行仔細審查後，董事會有意地採用了告訴潛在收購者「本公司不予出售」這樣一個策略，因為董事會認為此策略可以向潛在收購者提供本公司可以賣出一個更高價格的暗示信息，從而可以對本

---

[1] See Paramount Communications Inc. V. QVC Network Inc., 637 A. 2d 34, 48 (Del. 1993).

[2] Barkan V. Amsted Industries, Inc., 567 A. 2d 1279, 1286 (Del. 1989).

[3] Koehler 案的案情如下：被告 NetSpend 控股公司是一家公開交易的特拉華州公司。NetSpend 董事會為了提高公司股票價值，決定出售公司。NetSpend 探尋將公司出售給 TSYS 的可能性。TSYS 的總裁 Woods 向 NetSpend 的董事長 Henry 表達了 TSYS 有興趣以協商交易的方式收購 NetSpend。Henry 將該信息告知董事會，董事會一同討論了與 TSYS 進行交易的可能性。在 2012 年 12 月 3 日，NetSpend 接收到了 TSYS 的信件，信件表明 TSYS 有興趣以每股 14.5 美元的價格對 NetSpend100%的股份進行現金要約收購。在此之後，NetSpend 與 TSYS 展開了六周時間的排他式的秘密協商談判。其後，NetSpend 對包括 TSYS 在內的所有收購意願者告知：NetSpend 不予出售，除非收購意願者願意提高出價。最終，經過多輪談判與協商，TSYS 提出其願意以 16 美元的價格收購 NetSpend 的股份。NetSpend 董事會於 2013 年 1 月 26 日批准了該收購協議，並決定向股東會提議投票表決。原告認為董事會未進行市場調查、僅與一個潛在的收購意願者談判等程序存在重大瑕疵，沒有盡到為股東獲取最高出售價格的義務。See Koehler V. NetSpend Holdings Inc., No. CIV. A. 8373-VCG, 2013 WL 2181518, at *1-8 (Del. Ch. 2013).

董事注意義務的司法認定：美國的經驗和中國的再造

公司的真實價值作出市場性試探；同時，該策略可以用來阻止出價較低或者沒有誠意的收購者擾亂本公司正常的商業策略；若進行公司真實價值的市場檢驗，則將會削弱其向公眾所告知的該公司正在發展壯大而不需要將其自己出售的策略，從而降低潛在收購者的出價。基於上述情形，特拉華州衡平法院認為，該策略「完全處於董事會最大化股東價值的合理行為範圍之內」，是商業判斷的有效運用，被告並未因未進行市場檢驗而違反其應盡合理注意的義務[①]。再如，在 Smurfit-Stone 一案中[②]，原告認為被告董事會在沒有進行市場調查的情況下批准了交易，從而認為被告未對可合理獲得的重要信息予以充分知悉。然而法院認為，「在併購交易的情境下，董事們有義務最大化股東的價值，但是他們沒有義務採用一個特定的諸如拍賣或者市場檢驗的行為措施……Smurfit 根據美國破產法第 11 章進行了長達一年半的破產保護程序，並在該期間接收到了一些潛在收購者的收購意願，且董事會得知了這些意願表達，並將破產保護期間的功能等同於進行了一次長達一年半的市場檢驗」[③]。因而，不能因董事會未進行市場檢驗程序，就認定其在公司出售程序中未盡到充分知悉重要信息的義務。

其次，就董事們通過聘用專業諮詢顧問團隊來獲取信息而言，法院通

[①] See Koehler V. NetSpend Holdings Inc., No. CIV. A. 8373 - VCG, 2013 WL 2181518, at *15 (Del. Ch. 2013)。

[②] Smurfit-Stone 案的案情如下：Smurfit 是一家在特拉華州註冊，總部位於伊利諾伊州芝加哥市的公司。2011 年 1 月 23 日，Smurfit 的董事會一致同意批准 Rock-Tenn 和 SA 以接近價值 35 億美元的現金和股票收購該公司的併購協議與計劃。在 2010 年年末，Rock-Tenn 開始接洽 Smurfit 表示有興趣進行一個潛在的收購。Smurfit 特別委員會在被告知此消息之後便指令外部顧問 Lazard 與 Rock-Tenn 接洽以獲取該提案中更多的細節信息。2011 年 1 月 7 日，雙方的一些高管與特別委員會成員進行了會面，並提出了 30.8 億美元的併購方案。此後，Rock-Tenn 將價格提高到 32 億美元，Smurfit 董事會對該要約價格與條件進行了反覆斟酌。雙方經過多個來回的磋商與談判，Rock-Tenn 將價格提高到 35 億美元，股票與現金比例與以前的要約相同，該價格比公司當時的交易價高出 27%。但 Rock-Tenn 要求必須在 1 月 27 日之前完成該項交易。最終，由於交易對方的時間限制，Smurfit 董事會便快速地批准了該 35 億美元的併購交易。原告認為董事沒有對公司的內在價值予以充分調查與充分知悉，導致公司的出售價格不夠充分，董事沒有盡到最大化股東價值的義務。See In re Smurfit-Stone Container Corp. S'holder Litig., No. CIV. A. 6164-VCP, 2011 WL 2028076, at *1-9 (Del. Ch. 2011)。

[③] In re Smurfit-Stone Container Corp. S'holder Litig., No. CIV. A. 6164-VCP, 2011 WL 2028076, at *18 (Del. Ch. 2011)。

常所關注的是董事們在批准交易決策之前，是否進行了此種諮詢程序，以此來說明被告董事會所掌握的市場信息的充分度。比如，在 Barkan 一案中①，被告董事會聘用所羅門兄弟公司作為此次管理層收購交易的投資顧問，所羅門兄弟公司認為該 45 美元的價格是「公平範圍內的最高值」②。再如，在 Lyondell 一案中③，被告董事會聘用德意志銀行證券公司作為其財務顧問，德意志銀行證券公司認為收購者 Basell 所提出的價格完全是一個公平價格，德意志銀行同時還鑒定了其他可能的收購者，並解釋為什麼其相信沒有比 Basell 出價更高的實體④。與上述兩則案例相反的是，在 Alidina 一案

---

① Barkan 案的案情如下：Amsted 工業公司是一家註冊於特拉華州的公眾公司。因 Hurwitz 在公開市場上大量收購 Amsted 公司的股份，Amsted 公司決定以管理層槓桿收購的方式抵禦 Hurwitz 股份收購行為所帶來的威脅。在此次管理層槓桿收購方案中，MBO 集團將以 37 美元的現金和 27 美元的新發行的次級折扣公司債券（其折算價值為每股 11 美元），即 48 美元的價格，購買 Amsted 所有在外流通的股票。但是，由於 Amsted 公司 1986 年會計年度第一季度營收的下降導致 MBO 集團懷疑 Amsted 能否完成其先前預計的融資，從而 MBO 集團在 1986 年 1 月下旬決定將要約價格降低至 45 美元（其中包括 31 美元的現金，票面價值 4 美元市場價值 3 美元的優先股和估值 11 美元的次級折扣債券）。後通過董事會與管理層集團的多次磋商，最終管理層集團以 47 美元完成了公司股份的收購。原告認為該交易價格不夠充分，被告董事會沒有盡其所能地為股東協商一個可能獲得的最高出售價格，未盡到其應盡的勤勉。See Barkan V. Amsted Indus. Inc.，567 A. 2d 1279，1282-1283（Del. 1989）.

② See Barkan V. Amsted Industries, Inc.，567 A. 2d 1279，1283（Del. 1989）.

③ Lyondell 案的案情如下：Lyondell 化學公司是北美第三大的獨立的、公開交易的化學公司。Basell 是一家由 Blavatnik 通過 Access 公司間接所有的位於盧森堡的封閉公司。在 2006 年 4 月，Blavatnik 告知 Basell 有收購 lyondell 的意願，並向 Lyondell 的董事會發送了每股 26.5~28.5 美元的要約，Lyondell 董事會因價格過低而拒絕。2007 年 5 月，Access 的子公司 Commission 向 SEC 提交 13D 報表，披露了其收購 Occidental 公司持有的 Lyondell 8.3% 的股份的權利。Lyondell 的董事們決定對此採取「觀望」態度。2007 年 7 月 9 日，Blavatnik 提供了 48 美元的出價。7 月 10 日，Lyondell 董事會花了不到 1 個小時的時間審議討論了 Basell 的要約，以及其他群體對 lyondell 產生興趣的可能性。董事會要求 Smith 向 Basell 取得書面要約材料，以及有關 Basell 財務方面更加詳細的信息。之後，董事會又在 7 月 11 日和 16 日經過兩次短暫的會議討論，最終於 7 月 20 日批准了 Basell 的要約。原告控訴董事會的決策持續時間過短，以至於董事們沒有時間對該筆交易予以充分思考，從而決策程序存在重大瑕疵，違反其注意義務。See Lyondell Chem. Co. V. Ryan，970 A. 2d 235，237-239（Del. 2009）.

④ See Lyondell Chem. Co. V. Ryan，970 A. 2d 235，238-239（Del. 2009）.

中①，法院發現，雖然公司投資銀行顧問 Allen 對整個併購交易價格的公平性進行評估，並認為該交易價格是公平的，然而董事會並沒有接收該交易項下一個子交易項目的價格公平性意見，而該子交易項目對於整個公司出售項目而言至關重要，由此法院便認定此子交易項目公平性意見的缺乏，可以在一定程度上說明整個公司出售項目的不公平性②。

在此值得一提的是，根據美國法院的審理思維，外部專業顧問的諮詢意見的有無，並不能直接說明董事會在決策時是否盡到了其充分知悉的義務。董事會履行外部專業諮詢這一程序僅能在一定程度上說明被告董事會批准交易決策的合理性，同樣，董事會沒有履行外部專業諮詢這一程序也僅能在一定程度上說明被告董事會決策行為的不當性，最終的認定結果還必須根據董事會在決策前是否通過其他途徑來獲取市場信息，以及其他行為表現來作出綜合判斷。

3.2.2 董事在決策時所明知或應知的事實信息

「在沒有進行市場檢驗的情況下，支持董事善意的證據是依情勢而定的；而支持認定董事為善意的關鍵要素是（董事）所知悉的信息。董事會必須要有足夠的相關市場的信息（knowledge），才能構成其相信該決策行為是符合股東最佳利益的合理理由。」③ 即是說，在某些情況下，董事們並沒

---

① Alidina 案的案情如下：Mecklermedia 是一家通過行業展會、會議和印刷出版物向行業專業人士提供互聯網信息的互聯網媒體公司。Internet.com 是 Mecklermedia 的一家全資子公司，其通過網站網絡傳播電子信息。收購方 Penton 同樣是是一家專門從事互聯網行業的貿易展覽和出版物的公司。Penton 在 1998 年 9 月 24 日向 Meckler 呈送了意向信，出價購買 Mecklermedia。第二天，雙方簽署了一份 Penton 以 29 美元一股的價格（總額 2.74 億美元）收購該公司的意向信。此外，該信件還約定將 Internet.com 公司 50% 的份額以 1,500 萬美元的價格出售給 Meckler，但之後雙方協商，將 Internet.com 的出售價值定在 2,250 萬美元（由 1,800 萬美元 80.1% 換算而來），這明顯低於 3,000 萬美元的價格。最終，Mecklermedia 的董事會批准了將公司股份出售給 Penton 的出售協議，並向外發布新聞稿宣布了此項決定。原告立即提起訴訟指控 Mecklermedia 的董事會沒有充分地知悉 Internet.com 的公司價值的情況下批准了整個交易，從而違反注意義務。See Alidina V. Internet.com Corp., No. CIV. A. 17235-NC, 2002 WL 31584292, at *1-3 (Del. Ch. 2002).

② See Alidina V. Internet.com Corp., No. CIV. A. 17235-NC, 2002 WL 31584292, at *8 (Del. Ch. 2002).

③ Barkan V. Amsted Indus. Inc., 567 A.2d 1279, 1288 (Del. 1989).

有遵循特定的常規的信息獲取程序，但依據董事會決策當時所存在的特定情形與特定事實，而根據這些特定情形與特定事實所供給形成的事實信息，依然能夠證明董事會做出此決策的正當性，從而說明被告董事在決策當時盡到了基於公司、股東利益而充分審慎考慮的行為義務，盡到了其善意。

通過案例的梳理發現，能夠構成董事做出某決策正當理由的事實信息可分為兩類：其一，董事們在相關期間內並沒有發現出價更高的潛在競標者。比如，在 Plains 一案中①，從董事會決定進行合併交易到最終簽署合併協議之間長達五個月的時間，在這五個月的時間裡「市場無疑已經『消化』了此合併交易，但在此期間並沒有其他出價更高的競標者出現」②。還如，在 Smurfit-Stone 一案中，「2010 年中期，本公司所屬行業已經意識到了本公司可能成為一個收購目標，但是董事會在該期間並沒有發現或得知其他潛在的競標者」③。再如，在 Koehler 一案中，在董事會採取了向收購意願者答復「本公司不予出售」這樣一個策略之後，「TSYS 是唯一一個在接收到了這樣一個不冷不熱的回復之後依然選擇繼續跟進的收購者；其他幾個潛在的收購者都試圖到其他地方尋找收購目標」④。此外，在 Barkan 一案中，「自從 Hurwitz 宣布其對本公司有巨大興趣之時起，投資界就意識到了本公司可能成為收購者或者管理層收購的目標。但在此之後長達十個月的時間

---

① Plains 案的案情如下：Freeport 是一個渴望成為美國首屈一指的自然資源公司的國際採礦公司，其試圖收購 Plains 公司（一家上游石油和天然氣公司）。2012 年 5 月下旬，在 Freeport 與 Plains 之間的保密協議的保護框架下，Freeport 特別委員會與 Plains 董事會進行互惠型調查。在這段時間以及過後的一段時間裡，Plains 沒有尋求任何其他潛在收購者，也沒有與 Freeport 以外的公司討論任何的商業合併。2012 年 11 月 1 日，Freeport 特別委員會主席 Allison 向 Plains 提出 47 美元一股的要約，Plains 董事會接著以 55 美元的反要約作為回復。最終，雙方協商以 50 美元的價格展開合併，且 Plains 的股東有權推選出股票與現金的比例。2012 年 12 月 5 日，Freeport 與 Plains 訂立合併協議，Plains 的每一份普通股都將獲得 0.653,1 股（交換率）Freeport 的普通股以及 25 美元的現金。原告認為，Plains 董事會在尋求收購方時僅與 Freeport 一家公司進行排他式的調查與談判，沒有合理充分地進行市場調查程序、沒有試圖為股東尋求最優價格，違反其應盡的注意與勤勉。See In re Plains Expl. & Prod. Co. Stockholder Litig., No. CIV. A. 8090-VCN, 2013 WL 1909124, at *1-3（Del. Ch. 2013）.

② In re Plains Expl. & Prod. Co. Stockholder Litig., No. CIV. A. 8090-VCN, 2013 WL 1909124, at *6（Del. Ch. 2013）.

③ In re Smurfit-Stone Container Corp. S'holder Litig., No. CIV. A. 6164-VCP, 2011 WL 2028076, at *19（Del. Ch. 2011）.

④ Koehler V. NetSpend Holdings Inc., No. CIV. A. 8373-VCG, 2013 WL 2181518, at *15（Del. Ch. 2013）.

董事注意義務的司法認定：美國的經驗和中國的再造

裡並沒有出現一個出價者來對本公司的控制權提出要約。」①

其二，董事們通過相關期間內的市場表現等事實信息，來認定收購價格處於合理區間。典型的比如，在 Barkan 案中，公司的營業收入在 1986 年第一季度（正值管理層收購事宜的協商階段）遭遇了巨大下滑，為管理層收購集團提供融資支持的花旗銀行，也因此感到公司的業績可能會受到週期型衰退的影響而取消了其資金支持，再加之，財務顧問所羅門兄弟公司認為 45 美元的價格極為公平②。基於上述幾點特定情形，法院肯定了董事會的此次公司控制權決策行為。再如，在 Koehler 一案中，董事會批准 16 美元收購價格的合併交易主要基於以下幾點信息：在 2012 年進行了試圖振興股價的股份回購的情況下，公司的股票依然徘徊在 8 美元左右；2012 年公司某大股東試圖出售其在公司 31.1% 的份額時，某私募股權機構以每股 12 美元的價格出價，且該股東樂意接受該價格，但另一私募股權機構卻拒絕出價競標；其他具有合併意願的公司所提出的價格並沒有任何溢價③。因而，法院認定董事會在上述特定情形下批准案件所涉的合併交易具備充足的正當理由。

與上述案例相反的是，董事們所知道或者應當知道的某些事實信息卻不能成為其作出此決策的正當理由，反而正是因為董事們對該類信息以及特定情形的知悉，從而說明被告董事會沒有盡到其為公司、股東最大利益考慮的善意。典型的比如，在 Paramount 一案中④，Paramount 董事會明知

---

① See Barkan V. Amsted Industries, Inc., 567 A. 2d 1279, 1287 (Del. 1989).
② See Barkan V. Amsted Industries, Inc., 567 A. 2d 1279, 1287-1288 (Del. 1989).
③ See Koehler V. NetSpend Holdings Inc., No. CIV. A. 8373-VCG, 2013 WL 2181518, at *15 (Del. Ch. 2013).
④ Paramount 案的案情如下：Paramount（派拉蒙）是一家註冊於特拉華，主要辦公地點在紐約的公司。Paramount 擁有和經營多元化的娛樂企業，包括電影和電視工作室、圖書出版商、專業運動隊和遊樂園。Paramount 為了實現戰略擴張，其從 20 世紀 80 年代起就開始尋求戰略合併。其後，Paramount 初步與 Viacom 達成合併協議，合併協議約定：每一股 Paramount 的普通股兌換 0.1 股 ViacomA 級普通股和 0.9 股 B 級無投票權股，以及 9.1 美元現金。初始合併協議還包含了「非出售」規則、終止費和股票期權協議。1993 年 9 月，QVC 的董事長 Davis 向 Paramount 提出 QVC 願意以每股大約 80 美元的價格收購派拉蒙，包括 0.896 股 QVC 的普通股和 30 美元現金。QVC 同時還表達了其渴望與派拉蒙就細節問題進行進一步磋商的意願。Paramount 卻以與 Viacom 的初始合併協議存在交易保護條款為由，拒絕與 QVC 就合併事宜展開磋商。最終，Paramount 董事會執意批准了與 Viacom 的合併協議。原告和 QVC 立即以公司合併協商程序存在重大瑕疵為由，向法院請求對 Paramount 與 Viacom 的合併交易採取臨時中止令。See Paramount Communications Inc. V. QVC Network Inc., 637 A. 2d 34, 37-41 (Del. 1993).

QVC 所提出的要約價格比最終批准的與 Viacom 的合併交易價格高出許多，但該董事會既沒有選擇與 QVC 磋商與談判以尋求更多的重要信息，也沒有利用 QVC 更高的要約出價作為與 Viacom 談判的談判槓桿（資本），以減少交易保護措施從而為股東尋求更高的價格提供可能。法院對此認為：Paramount 董事會沒有履行到其最大化股東價值的義務，董事會所採取的程序存在缺陷，兩個要約之間高達 10 億美元的價格差距，已經不足以成為董事會基於未來戰略部署而與 Viacom 進行合併的正當理由[①]。再如，Alidina 一案中，法院發現：董事會有充分的理由懷疑價格的充分性，因為公司此前拒絕過類似條件的要約；董事會也明知首席執行官在存在自我利益的交易協商中把控著完全控制性的地位；據推測，董事會也已明知普華永道警告過其應對交易進行密切審查，並且其應當知悉德勤對該筆交易的估價為 5,000 萬美元，遠遠高於最終的 2,250 萬美元。法院據此認為，所有這些信息都不可避免地要求董事會獨立地對交易進行進一步審查，但董事會並沒有這樣做，因而原告已經提供了充分的證據來指控被告董事在評估和批准交易時未能被充分告知，從而違反其注意義務[②]。

3.2.3 董事在決策當時的協商談判程序

董事們在作出決策之前，是否盡其所能地進行了充分的討論、協商與談判，以盡可能地提高出售價格，同樣是法院的關注焦點。董事會在做出公司控制權交易決策之前，應當與收購方進行必要且充分的協商與談判，以盡可能地提高股東可合理獲得的收購價格。同時，應當進行充分的內部會議陳述與討論，以論證進一步提高價格的可能性或者是否還存在其他潛

[①] See Paramount Communications Inc. V. QVC Network Inc., 637 A.2d 34, 49–51 (Del. 1993).

[②] See Alidina V. Internet.com Corp., No. CIV. A. 17235-NC, 2002 WL 31584292, at *8 (Del. Ch. 2002).

董事注意義務的司法認定：美國的經驗和中國的再造

在收購意願者。典型的比如在 Gorkom 案中①，法院認為被告董事會應當嚴格地遵守會議討論的決策程序：董事會的決策與論證所花費的時間不得過於倉促；董事們應當對會議討論與決策的內容與目的提前知曉、提前準備；討論決策的過程應當嚴謹，不得僅僅依賴於口頭陳述，應當準備正式書面材料，且董事們應當對書面材料進行必要審查，並使得自己完全理解材料與決策的基本內容；董事們應當對關鍵信息予以主動積極的詢問、查驗；等等②。

然而，Gorkom 案中對董事會決策討論程序過於格式化、固定化的要求受到了諸多批評③，在此之後的諸多案例也並沒有嚴格地遵循該先例中對董事會所作出的程序要求。比如，Lyondell 一案法院闡述道：「法院不可能要求董事們應當如何具體地完成（追求股東價值最大化）這一目標，因為他們所面臨的都是獨一無二的情況組合，且很多情況並不在他們的控制範圍內。」④ 在該案中，雖然被告董事會對該公司合併事宜從協商到最終批准不超過一週時間，且討論時間總共僅花費 7 個小時。但法院發現，在這一個星期裡，董事們進行了多次會晤；董事們試圖協商一個更好的合併協議條款；他們評估了 Lyondell 的價值、要約價格以及爭取一個更高價格的可能性。雖

---

① Gorkom 案的案情如下：Trans Union 是一家公開交易、多元化控股的公司，其主要業務收入來源於有軌車輛租賃業務。在此期間，該公司每年有數億美元的現金流。然而，該公司難以產生足夠的應納稅收入來彌補越來越多的可抵免投資稅收，因而董事會決定通過將公司出售給一家具有充足的應稅收入的公司解決該問題。Trans Union 的時任董事長兼首席執行官 Gorkom 決定與 Pritzker（一位知名的公司接管專家和社會名流）接洽，以討論公司出售問題。Gorkom 與 Pritzker 於某個週末在 Pritzker 的家裡對公司出售的事宜以及價格進行協商，並最終雙方達成一致。於此之後，Gorkom 在沒有提前向董事告知將把公司以每股 55 美元的價格出售給 Pritzker 所有的公司的情況下，召開董事會並對該議案予以協商討論。Gorkom 最終以口頭陳述的方式說服了董事會成員並批准了該項公司出售議案。原告起訴認為被告未對交易事項予以充分的知悉、協商和交易批准程序存在重大瑕疵，由此董事們違反了其注意義務。See Smith V. Van Gorkom, 488 A. 2d 858, 864-870（Del. 1985）.

② See Smith V. Van Gorkom, 488 A. 2d 858, 874-878（Del. 1985）.

③ 比如，Jonathan R. Macey 和 Geoffrey P. Miller 兩位學者對 Gorkom 一案評論道：「事實上，鑒於該筆交易似乎是如此有利的情形，董事會當然有權在評估該問題時採用不同於形式化的決策程序。」Jonathan R. Macey & Geoffrey P. Miller, Trans Union Reconsidered, 98 Yale Law Journal 127, 131（1988）.

④ Lyondell Chem. Co. V. Ryan, 970 A. 2d 235, 242（Del. 2009）.

然時間倉短促,但並不能以此認定被告董事會對該筆交易決策沒有盡到充分審慎的思考①。與此相似地,在 Smurfit-Stone 一案中,董事會從得知收購意向到最終批准該筆交易僅持續了相當短的一段時間。但法院認為,董事會對要約進行了多次審查,並要求其財務和法律顧問要求收購方提高其要約價格,還基於自己關於公司市場的知識對要約進行評估,並討論實現一個更好要約的可能性,最終還將價格從每股 30.8 美元提高到後來最高的每股 35 美元。這一系列的事實說明被告董事在決策時盡到了充分的努力、盡到了為公司利益著想的善意,因而原告沒有成功地證明其主張②。

3.2.4 善意標準在上述關注焦點中的具體適用

通過上述法院關注焦點的梳理,可以發現一個尤為顯著的特點,那就是美國法院在對董事們作出公司控制權交易決策時是否盡到了在股東價值最大化下的深思熟慮對其審查,其絕不會要求董事們進行某種格式化、形式化、固定化的行為與程序,無論是就董事會市場信息的獲取途徑而言,還是就董事的討論、協商、談判程序而言,均是如此。也即是說,此類案件的總的認定標準(或稱認定原則),便是根據案件的特定情形基於整體視角,進行特殊化的、事前的審查與認定,法院不得因被告董事會未進行某一常規化的、機械化的行為與程序而直接認定被告董事沒有盡到為公司、股東利益考慮的善意。

具體而言,其一,法院對董事會市場信息獲取途徑的審查,不僅僅著眼於董事會是否進行了某些格式化的(類似於市場調查程序、「拍賣」程序)信息獲取程序。法院對市場信息獲取途徑予以審查的根本目的,是審查董事會在決策當時或決策前是否具備充分的、足以使其做出一個最大化股東利益的交易決策的市場信息,並以此來說明被告董事是盡到了審慎考慮、盡到了善意、盡到了其應盡的注意的。因此,董事們沒有進行某種特定化的信息獲取程序,並不能說明其在做出交易決策時就沒有信息、缺乏信息。董事們完全有可能運用了某替代性的與市場調查、市場「拍賣」程序功能相當的程序來獲取信息(比如 Koehler 案中的「不予出售」策略、

---

① Lyondell Chem. Co. V. Ryan, 970 A. 2d 235, 242 (Del. 2009).
② See In re Smurfit-Stone Container Corp. S'holder Litig., No. CIV. A. 6164-VCP, 2011 WL 2028076, at *18 (Del. Ch. 2011).

董事注意義務的司法認定：美國的經驗和中國的再造

Smurfit-Stone 案中破產保護期間的待出售策略），其也完全有可能通過決策時或決策前公司所面臨的特定市場行情等事實情形，以此形成信息供給，從而具備了做出此決策的充分信息或充足理由（比如 Barkan 案中公司在併購事宜談判期間所面臨的營業收入下挫、Plains 案中董事會在決定進行合併交易之後的五個月裡並沒有潛在出價更高的競標者），亦即，董事會完全可以通過其明知的某些信息來做出合理決策，從而盡到其善意，履行其注意義務。

其二，法院對董事會內部討論、協商談判程序的審查，不應當僅僅聚焦於董事會是否提前預知決策內容、是否進行口頭和書面的雙重陳述等格式化的程序要件。法院對該一系列行為程序進行審查的根本目的，就是考察董事會的決策程序中是否盡到了應盡的勤勉、是否做到了其應做到的充分考慮這一決策步驟。然而，即便董事會沒有採用某些格式化的協商討論程序，或者即便從接收到某收購要約到最後批准該筆收購交易的持續時間較為倉促，也依然不能說明董事的過失或者重大過失。以董事會的整個決策行為過程的視角來看，其完全有可能在較短的時間內進行了非正式的協商、談判與討論，並為股東提高了要約價格、增加了股票溢價，這依然能夠說明董事會的勤勉盡責（典型的如 Lyondell 案中，雖然從接收要約到批准交易不到一週時間、交易的整個協商討論時間不超過 7 個小時，但董事們在這一週的時間裡進行了多次非正式會晤，並對要約價格進行了評估）。除此之外，Berger 法官在 Lyondell 一案中提出董事協商討論程序司法認定的時間標準：「為股東尋求可能的最優價格的義務只能自公司開始著手一個會導致控制權變動的交易（其自己主動提起或者對一個不請自來的要約予以回應）之時才開始。」[1] 即是說，只有在公司主動提起某要約或者對某收購要約予以主動回應之後，董事會才有義務進行信息的獲取收集，以及進行相關事宜的協商、討論與談判，在此之前，即便董事處於不作為狀態，也不應當以此為由認定董事處於惡意狀態。

綜上所述，在公司控制權交易決策類案件中，可以基於如下兩種情形認定被告董事沒有盡到為股東最大利益予以審慎考慮的善意：第一，被告董事既沒有採取任何類似於市場調查的特定程序，同時其掌握的相關市場信息也明顯不充分從而不能夠形成作出某決策的正當理由，此外，董事們

---

[1] Lyondell Chem. Co. V. Ryan, 970 A. 2d 235, 242 (Del. 2009).

也沒有採取任何可以認定其盡到基本注意與勤勉的、最低限度的協商、討論與談判程序，亦即，信息要件和程序要件均無法滿足要求；第二，法院通過查明的記錄與事實推斷被告董事知道或者應當知道某些不利於股東最大利益的事實信息（就如 Paramount 董事會在明知 QVC 的要約價格比 Viacom 的要約價格高出許多，卻依然以其與 Viacom 存在戰略聯盟計劃，以及以合併協議條款存在限制條件為由，批准了與 Viacom 的合併交易）。

3.3 董事決策類注意義務認定的中美比較

通過上述美國法院對董事決策類注意義務案件關注焦點和認定標準的總結可知，中國在對董事注意義務進行司法認定時所關注的焦點與理路和美國法院具有較大差異（詳見表 3.3）。

表 3.3　董事決策類注意義務司法認定的中美比較概覽

	美國決策類注意義務案件	中國決策類注意義務案件
法院關注焦點	被告是否盡其所能地對相關信息進行了充分知悉；被告知道或者應當知道哪些信息，這些信息是否構成決策的正當理由；被告是否對商業決策進行了充分的討論、協商與談判；決策程序是否存在瑕疵	被告的決策行為是否違反法律法規；被告作出案涉商業決策是否符合公司章程規定、是否屬於其職權範圍；被告是否有過錯、公司是否有損失，以及過錯與損失之間的因果關係
責任認定標準	董事做出此番決策不存在正當理由；被告知道或應當知道該決策不符合公司最大利益的事實與信息；被告的協商討論或者決策程序存在重大瑕疵	被告的決策行為違反法律法規或公司章程，該行為導致公司損失，且董事具有過錯

3.3.1 事前與事後審查視角的差異

美國法院在董事決策類注意義務案件中尤為關注：董事在決策前或者決策時所面臨何種事實情形以及董事在當時對這些事實情形的知悉狀況。比如在 Disney 案中，法院對董事會在決定批准聘用協議時面臨的公司的發展狀況、公司在關鍵時刻的短缺狀況、被聘用者具備優厚的相關行業職業

經驗等事實情形作為主要判決理由①；再如在 Barkan 案中，董事會已明知公司在收購事宜協商期間不良的市場表現，從而法院以此事前的事實情形作為最終判決的重要參考因素之一②。

然而，中國法院對被告董事所提出的決策當時所存在諸多客觀事實因素的抗辯，一般不予理睬。比如在序號 28 這一則案件中，被告董事長趙海花提出未按時完成工程審計工作源於當時正值春節、且當時其處於懷孕狀態無法正常行動，同時，趙海花在 3 月對該審計工作予以了多次安排並要求必須在 40 天內完成，除此之外，趙海花還對相關審計事宜諮詢了專業人員、並拖延簽約時間為公司爭取額外利益。然而，法院對上述抗辯及證據並不予理睬，其認為，上述客觀因素並不能成為被告未及時監督完成審計工作的理由，上述行為並沒有達到一個公司董事長所應當具有的勤勉與注意程度，從而認定了被告的注意義務責任③。由此可見，中國法院一方面對事前的事實情形不予關注，即更多的是採用事後審查思維；另一方面中國法院忽視了對董事是否在行為決策中具備為公司最大利益著想的善意的整體性判斷。該案中被告在行為時向專業人士諮詢、並拖延簽約時間為公司爭取額外利益等可說明被告具備了為公司利益考慮的善意的事實情節，但是其均被法院所忽視。

3.3.2 靈活與固化審查模式的差異

美國法院在董事決策類注意義務案件的審查中，其審查模式與思維具有明顯的整體主義視角，其在責任認定的路徑上具有很大的靈活性。比如在 Koehler 一案中，董事會雖未採用固定化的市場檢驗或者市場「拍賣」程序，但其所採用「本公司不予出售」的策略具備與市場檢驗等值的功能，法院對此予以肯定。同時法院還依據批准併購交易前夕公司採取股份回購後的市場表現、公司某大股東出售股份的市場表現，來綜合認定被告對市場相關信息的知悉程度④。除此之外，法院還考慮了被告董事會的個人素

---

① See In re Walt Disney Co. Derivative Litigation, 907 A. 2d 693, 770-771 (Del. Ch. 2005).

② See Barkan V. Amsted Industries, Inc., 567 A. 2d 1279, 1287-1288 (Del. 1989).

③ 參見 (2014) 蘇中商終字第 0164 號判決書。

④ See Koehler V. NetSpend Holdings Inc., No. CIV. A. 8373 - VCG, 2013 WL 2181518, at *15 (Del. Ch. 2013).

質、職業經驗等因素,這足以見得美國法院在案件審理過程中更多地傾向於對所有相關性要素予以整體性考察,而非僅僅局限於關注被告的某一特定的認定路徑。

然而,中國法院的裁判審理思維具有極大的單一性與局限性。典型的案例如,在序號15和序號17這兩個案件中,法院均將勤勉義務的責任認定路徑等同於過錯歸責原則下侵權責任的認定路徑,亦即,無論在何種案件情形之下,法院所首先認定的就是被告是否有違法違規或違反公司章程的行為,其次認定被告是否存在過錯及公司損失,最後認定過錯與損失的因果關係①。此種模式化的認定路徑完全沒有體現出每個案件的具體情形與特點:一方面,難免使得某些存在特定事實情形、而該事實情形足以構成被告抗辯理由的案件的判決結果有失公允;另一方面,此認定路徑以違法違規或違反章程為前提,難免會導致被告未違反法規章程、但其行為存在惡意的不當行為無法被追責。

3.3.3 法院關注焦點的差異

美國法院以信息、程序為關注焦點,而中國法院以合規性、越權性為關注焦點。在美國董事決策類注意義務的案件中,幾乎每一個案件的法院所關注的焦點都集中於兩點:信息與程序。考察董事在作出決策前是否盡其所能地去收集獲取可以合理獲得的重要信息、是否通過聘用外部專家來獲第三方諮詢與評估意見;審查董事們在決策時知道或者應當知道哪些特定事實與情形,而這些特定事實與情形所供給形成的信息能否足以構成董事決策的正當理由,抑或正是基於某些事實與信息的明知或應知,從而證明了被告董事的惡意;查證董事們在決策前或決策時是否盡到了充分的論證與協商、是否盡其所能地與對方進行多回合的談判(當然該程序要件在形式上要求並不嚴格,只要能夠說明董事們為公司股東最大利益進行了審慎考慮即可)。

在中國董事注意義務的司法審判實踐中,合規性與越權性審查焦點尤為突出。比如,序號30、序號31這兩個案件,法院在認定董事是否違反勤

---

① 參見(2013)甬鄞商初字第68號判決書、(2014)閔民二(商)初字第948號判決書。

勉義務時，均以董事是否違反法律法規或者公司章程為前提①。即是說，僅在董事們違反法律法規或公司章程的情況下才有可能違反其勤勉義務，若董事們所做出的行為未與法律法規或公司章程相悖，則其便不存在違反董事勤勉義務的前提條件。再如，序號 8、序號 22 這兩個案件，法院在對被告董事的行為進行具體分析與審查之前，首先作出的認定均是被告的某決策行為是否超越了公司章程所賦予的職權，如果被告董事的決策行為超越了其職權範圍，則必然說明被告違反了其勤勉義務，只有被告董事的決策行為屬於其職權範圍內，法院才進一步地對董事所採取的具體行為和作出的具體決策予以具體審查②。

3.3.4 分析裁判說理的差異

美國法院對其每一個注意義務案件均進行了詳盡的個案具體分析，從案件事實梳理到原被告雙方的訴求與主張、從本案所遵循的先例標準到對原告訴求的逐點回應、再從案件事實的具體分析到結論推演，每個案件均進行了個性化的演繹。

就中國法院而言，尤其是諸多在勤勉義務案件中採用了「商業判斷規則」的理念的案件，其並沒有充分說明本案案件事實與審查標準的關係、沒有清楚地對判決結果做出推理。比如序號 12 和序號 9 這兩個案件，此兩個案件均採納了「商業判斷規則」的審判理念，但是其並沒有將案件事實與「商業判斷規則」的理念相結合，其判決書僅僅闡明「根據經營判斷規則的基本原理，此案被告已經盡到了其應盡的謹慎與注意，即使沒有完成公司預期的策略方案，也不能認定被告違反了勤勉義務」③「公司董事解散公司符合公司現在所處的實際的財務營業狀況」④，其沒有將案件所查明的證據事實與此聯繫進行個案判斷，其也沒有釋明營業狀況發生何種變化、為何董事的此決策符合公司實際狀況，更不用說對被告董事作出此番決策的理由、所知悉的信息以及當時的特定情形予以仔細考察，從而認定被告是否出於善意。在沒有案件事實支撐的情況下，完全有理由懷疑法院在案

---

① 參見 (2008) 嘉民二初字第 67 號判決書、(2009) 浙臺商終字第 545 號判決書。
② 參見 (2015) 鄂恩施中民終字第 00457 號判決書、(2013) 宿中商初字第 0140 號判決書。
③ (2009) 杭淳商初字第 1212 號判決書。
④ (2008) 滬一中民五（商）初字第 181 號判決書。

件審理過程中是否進行了事後的不當揣測。

雖然中國法院與美國法院注意義務案件的審理路徑相比，具有諸多不同之處以及不足之處，但是，近年來，中國法院有部分案件實質性地採納了事前審查的原則，並根據被告董事決策當時的特定情形進行個案判斷。比如在序號21一案中，法院便根據「董事會決議」「總經辦報告」等書面證據查明在決策當時公司面臨資金困難、且公司面臨債權人的債務催收從而需要結清債權債務，故董事處置閒置設備的決策屬於有效的商業判斷，其在決策時盡到了充分審慎地考慮①。此部分案件②說明中國法院在注意義務案件的裁判思維方面已有所突破。然而，諸如上述較為徹底地變更注意義務裁判路徑的案件畢竟僅只是個例，中國多數法院依然沿用傳統審查模式，即便其引用了「善意」「公司最大利益」「一般理性人」等概念和標準，但其並未將此標準實質性地適用到案件事實的具體認定之中，而僅是表面上的形式意義上的引用。因而，中國欲求變更現行較為局限性的司法認定模式，還需從根本上在制度層面與司法引導層面借鑑國外尤其是美國的判例經驗，對中國傳統的認定模式作出革新。

---

① 參見（2014）川民終字第667號判決書。
② 除四川慧能案以外，序號7一案的審理法院也放棄了傳統的認定模式，其根據被告在決策前和決策時的實際行動、被告所應當知悉的信息、被告的文化水準和從業經歷等方面，對被告是否盡到了勤勉予以認定。參見（2007）慈民二初字第519號判決書。

4 董事監督類注意義務的美國判例經驗剖析及中美判例比較

鑒於公司的業務規模和業務範圍逐步擴大,公司的諸多業務由董事們直接經手變得愈發困難。因而在此時,董事將其諸多管理職能授權委託給高級管理人員或者下屬員工,則既存在必要性也具備合理性。而這裡的授權委託其實就包含了監督受託人的日常營運表現、薪酬以及在必要時替換那些未達到預期的受託人員[①]。就此,董事的部分角色則轉變為監督和管控其所委託的公司商業運行事項[②]。根據美國《公司董事指南》,董事的監督類義務包括監督公司的運行狀況、財務狀況;瞭解公司的風險檔案、並審查和監督公司的商業風險;瞭解公司財務報表及其財務披露、監督財務報表的充分性與合規性;建立和監督一個有效運行的接收、報告公司運行信息的系統[③]。本書將董事的監督類義務分為監督公司日常營運的義務、監督公司信息披露合規性的義務、監督評估公司商業風險的義務。

4.1 美國法院在監督公司日常營運義務中的關注焦點

監督公司日常營運的義務要求董事們對公司重大核心業務的營運狀況,尤其是合規狀況保持充分的知悉,並且,在得知某些足以使其警惕並採取措施的警示信息的情況下,應當採取適當且充分的整改與補救行動,以阻

---

① 許可. 股東會與董事會分權制度研究 [J]. 中國法學, 2017 (2).

② See Edwin W. Hecker, Jr., Fiduciary Duties in Business Entities Revisited, 61 University of Kansas Law Review 923, 938 (2013).

③ See The Corporate Laws Committee, ABA Section of Business Law, Corporate Director's Guidebook—Sixth Edition, 66 Business Lawyer 975, 986 (2011).

止或挽回公司不必要的損失。就此，一方面，該義務要求董事及董事會在公司內建立一個可有效運行的接收與報告公司營運信息的內部控制系統，以保證董事可在適當的時間內獲知必要的信息；另一方面，要求董事在獲知警示信息時必須盡到應盡的監督與作為義務（詳見表 4.1）。

表 4.1　監督公司日常營運義務的美國案件概覽

案件名稱	審結年月	審理法院	被告身分	被告被訴行為簡介	判決結果
In re Caremark Intern. Inc. Derivative Litigation	1996 年 9 月	特拉華州衡平法院	董事會成員	被告未對公司在商業運作中違反聯邦法案的實際狀況盡到充分知悉與監督，致使未能阻止此違法事實的發生	駁回原告訴求
McCall V. Scott	2001 年 2 月	聯邦第六巡迴上訴法院	董事和高管	董事們未對高管所設定的具有違法性激勵、詐欺性行為激勵的公司員工績效制度盡到合理監督	支持原告訴求
In re Abbott Laboratories Derivative Shareholders Litigation	2003 年 3 月	聯邦第七巡迴上訴法院	董事	被告長時間持續地未對 FDA（美國食品藥品監管局）所提出的公司違規問題進行積極有效的整改與補救	支持原告訴求
Stone ex rel. AmSouth Bancorporation V. Ritter	2006 年 11 月	特拉華州最高法院	董事會成員	被告未能確保一個合理合規與信息報告系統的存在，致使公司違反聯邦法案	駁回原告訴求
Rich ex rel. Fuqi Intern., Inc. V. Yu Kwai Chong	2013 年 4 月	特拉華州衡平法院	董事和高管	被告未對公司會計控制系統予以有效監督，導致公司財務報表違規	支持原告訴求
Westmoreland County Employee Retirement System V. Parkinson	2013 年 8 月	聯邦第七巡迴上訴法院	董事和高管	被告未對公司的合規性問題盡到有效監管與阻止，致使違反 FDA 和相關健康安全法規	支持原告訴求

表4.1(續)

案件名稱	審結年月	審理法院	被告身分	被告被訴行為簡介	判決結果
In re Maxwell Technologies, Inc. Derivative Litigation	2014年5月	加利福尼亞州聯邦地區法院	董事	被告未對公司內部控制體系盡到充分監督，導致公司出現會計違規問題	駁回原告訴求
In re Polycom, Inc.	2015年1月	加利福尼亞州聯邦地區法院	董事會成員	被告董事們未對公司CEO不當報銷個人費用的狀況予以適當監督與阻止	駁回原告訴求
In re Yahoo! Inc. Shareholder Derivative Litigation	2015年12月	加利福尼亞州聯邦地區法院	董事	被告未對公司的重大資產予以有效監控，導致公司資產被私自轉移	駁回原告訴求

4.1.1 公司信息收集與報告系統的設立與運行

在此類監督義務中，法院首先的關注焦點在於，董事是否確保公司中存在一個信息收集與報告系統、董事是否在公司的日常營運中有效地運行了該系統。如 Allen 法官在 Caremark 一案[①]的判決書中說道：「公司董事會

[①] Caremark 案的案情如下：Caremark 是一家總部位於伊利諾伊州，註冊於特拉華州的公眾公司，其主要經營業務是為病人提供護理和健康管理服務的醫療保健服務。Caremark 的業務收入中很大一部分是來自第三方支付、保險公司、醫療保險和醫療補助報銷項目，該業務與聯邦《反轉診支付法》密切相關，該法禁止醫療保健提供者支付任何形式的報酬，以誘導醫療保險或醫療補助患者轉診。1991年8月，美國衛生福利辦公室（OIG）展開了對 Caremark 的調查，調查表明，Caremark 為護理病人（包括醫療保險和醫療補助接受者）向醫生支付了費用。1992年3月，司法部（DOJ）加入了 OIG 的調查中，同時另外幾個聯邦和州的代理機構也展開獨立調查。在 OIG 發起調查之後，Caremark 立即宣布將不再向為醫療保險和醫療補助的病人提供服務的醫生支付管理費，並更新了公司內部行為道德準則，同時，要求區域經理對 Caremark 與醫生的每一個合同關係進行批准審查。除此之外，Caremark 道德倫理委員會的董事還接收和審查了由普華永道出具的外部審計報告，其認定在 Caremark 的控制結構中不存在實質性缺陷。最終，Ccaremark 與聯邦和州政府達成了支付刑事罰金和大額民事損害賠償金的和解協議。五位股東提起派生訴訟，指控 Caremark 的董事們因未對 Caremark 的員工行為進行充分監管、未建立糾正措施從而致使 Caremark 承擔責任並被處以罰款，從而違反了注意義務。See In re Caremark Intern. Inc. Derivative Litigation, 698 A. 2d 959, 961–966 (Del. Ch. 1996).

應當在組織中確保有一個可以向高級管理人員、董事及時提供精確信息的信息報告系統的存在，從而使高級管理人員和董事可以在公司合規和商業決策方面作出信息充分的決策。」① 董事們對公司的日常營運進行有效監督，其前提在於對公司日常營運中的核心事務做到足夠充分的瞭解與認知，只有在對公司核心事務進行充分掌握與瞭解的基礎之上，才能做出對公司某違規或不當情形予以阻止與挽救的監督行為策略。然而，董事們不可能對公司所有事務親力親為，所以在公司內部需要一個及時向董事傳遞商業營運信息的信息收集與報告系統，以實現董事對公司營運事務的監督與管控職能。

比如，在 Stone 案中②，法院通過畢馬威的審計報告發現，AmSouth 公司內部存在一系列與信息報告相關的內部控制體系，「畢馬威的報告認定被告董事會建立了大量的部門和委員會，並任命諸多員工，以實現公司對聯邦銀行秘密法案（BSA）和反洗錢監管規則（AML）的合規監督並向管理層和董事報告違法行為信息。這些部門機構包括：BSA 辦公室、BSA/AML 合規部、公司安全部、可疑活動監督委員會」③。此一系列公司內部控制機構足以證明被告已經建立起了一個信息報告的內部控制系統。除此之外，該案法院還對被告董事是否實際地有效運行和監督這一系列內部控制體系予以審查。法院指出：畢馬威的審計報告表明，公司要求 BSA 辦公室在過去的五年裡，每年向董事們進行年度陳述；BSA 辦公室每年對董事進行公司合規與安全的業務培訓；董事會在不同時間制定書面政策和程序以確保符合 BSA 和 AML 的合規監管要求；這些政策引導公司所有員工向 BSA/AML 合規部或者公司安全部及時報告可疑交易或活動④。這一系列事實說明，被告董事會不僅有效地建立了信息控制系統，而且還對這些信息控制系統做到了有效地運行與監控。

---

① In re Caremark Intern. Inc. Derivative Litigation, 698 A. 2d 959, 970 (Del. Ch. 1996).
② Stone 案的案情請見前 54 頁腳註②。
③ Stone ex rel. AmSouth Bancorporation V. Ritter, 911 A. 2d 362, 371 (Del. 2006).
④ See Stone ex rel. AmSouth Bancorporation V. Ritter, 911 A. 2d 362, 372 (Del. 2006).

董事注意義務的司法認定：美國的經驗和中國的再造

與 Stone 案相反的是，在 Fuqi 案中，① 法院認為，雖然被告董事會設立了審計委員會等向董事會進行信息報告的內部機構，但董事會並沒有對內部信息控制系統做到有效地運行與監控。該案法官 Glasscock 指出，公司中存在如下一系列明顯簡單的會計錯誤：從總分類帳中錯誤地分割出零售部分；未記錄購買事項和應付帳款；疏忽計入代售庫存項目；零售經營庫存變動記錄不正確、不及時；不正確地計入珠寶存貨成本；等等。案涉公司屬於應當對庫存記錄予以嚴加管控的珠寶行業，卻對庫存記錄的會計控制如此粗心大意，這足以說明被告董事會沒有建立一個實質意義上的內部監控系統，即便董事會在形式上可能建立了內控系統，但這些情況足以表明該公司並沒有對公司業務進行過任何監督與管控②。

4.1.2 董事是否知道或應知「紅旗警示」信息

美國法院在監督類義務案件中非常重要的關注點就是，被告是否知道或者應當知道引起他們注意並提醒他們採取行動措施的「紅旗警示」（red flag）信息。法院對被告董事是否知道或者應當知道「紅旗警示」的審查，是事前審查理念的典型體現。如果董事們在當時並不知道公司在運行過程中存在「紅旗警示」的事實，則董事們未採取措施對此予以阻止與補救的不作為行為就不具有可責難性，因此即便該不作為在事後導致了公司的損失，董事們對此也不必擔責。美國法院在對被告董事是否知道或者應知「紅旗警示」時，主要聚焦於如下兩點：其一，原告所指出的事實是否足以

---

① Fuqi 案的案情如下：Fuqi 是一家主要辦公地點位於中國，其股票在納斯達克上市交易的公司。2010 年 3 月，Fuqi 宣布其 2009 年第四季度的 10Q 和 10K 報表將延遲，因為其發現公司存貨與銷售成本的會計核算存在錯誤。新聞報導聲明該錯誤將會對早前發布的 2009 年的季度財報產生實質性影響。隨後，2010 年 4 月 7 日，Fuqi 披露了其接收到來自 NASDAQ 的通知信，該通知信說明 Fuqi 沒有遵守及時向 SEC 上報報告的 NASDAQ 規則要求。2010 年 9 月，Fuqi 宣布 SEC 對其展開了正式調查，該調查與 Fuqi 未及時上傳週期性報告有關。原告股東起訴聲稱，被告董事以持續、系統的方式未去建立和維護一個充分的會計和財務報告內部控制系統，未能基於善意去糾正和阻止系統缺陷和會計財務問題，從而違反其監督義務。See Rich ex rel. Fuqi Int'l, Inc. V. Yu Kwai Chong, 66 A. 3d 963, 966-974（Del. Ch. 2013）.

② See Rich ex rel. Fuqi Int'l, Inc. V. Yu Kwai Chong, 66 A. 3d 963, 983（Del. Ch. 2013）.

構成「紅旗警示」；其二，原告是否提出了充分的事實來證明被告董事在事前確實知道或應當知道「紅旗警示」。

其一，就原告所指出的事實是否足以構成「紅旗警示」而言，Abbott 和 McCall 兩個案件為我們完美地闡釋了什麼事實才足以構成引起董事們注意並提醒他們採取行動措施的「紅旗警示」。在 Abbott 案中①，法院基於如下事實認定了被告董事的個人責任（也即法院認為如下事實足以構成「紅旗警示」）：①FDA（美國食品藥品監督管理局）向被告公司的董事長和高管先後發送了四封經過認證的違規警告信；②FDA 與公司的代表進行了至少十次會晤以討論公司違規的問題；③《華爾街日報》曾刊出公司違規行為的新聞報導；④公司向 SEC 提交的披露表格中承認了公司的違規與接受調查的事實②。在 McCall 案中③，法院認為「這些指控事實表明董事們存在故意或者輕率地違反注意義務的重大可能性」：①向政府報送的成本報告和內部報告的審計差異，表明公司存在不正當的營運行為；②在本案之前，一位醫生向法院提起訴訟，指控被告公司為不必要的服務進行詐欺性計費；③聯邦調查局等四個部門對被告公司發起突擊調查，並披露了公司的違規問題；④《紐約時報》在 1997 年發布了被告公司違規計費問題的調查報告④。

---

① Abbott 案的案情請見前 45 頁腳註②。

② See In re Abbott Labs. Derivative Shareholders Litig., 325 F. 3d 795, 808-809 (7th Cir. 2003).

③ McCall 案的案情如下：Columbia/HCA 是一家總部位於特拉華州，主要營業地點位於田納西州首府納什維爾的公司。其擁有和經營著美國 45% 的營利性醫院。原告指控 Columbia 的高管在董事會知情的情況下，設計出一系列不當的增加收入和利潤的激勵計劃。原告提出，管理層設置了 15%~20% 的收入增長目標，該目標高於同行業平均水準的 3~4 倍，該目標在不違反醫療保險和醫療補助法規的情況下不可能合理完成。該公司所涉及的違法行為包括：服務提供者的虛報患者的病情；不當的成本報告；提供金錢激勵醫生增加醫療保險的病人轉診到 Columbia 的醫療機構；等等。原告認為上述違法事實均是由董事會未對公司高管的管理行為予以有效監督與管控造成的，並且董事們應當意識到了公司中的違規性事實，因而董事應當對聯邦發起調查的成本費用、股東和舉報人的訴訟費用等公司損失，承擔個人責任。See McCall V. Scott, 239 F. 3d 808, 814-815 (6th Cir. 2001).

④ See McCall V. Scott, 239 F. 3d 808, 820-824 (6th Cir. 2001).

董事注意義務的司法認定：美國的經驗和中國的再造

與上述兩則案例相反的是，在 Maxwell 一案中①，法院認為原告所列舉的事實並不能構成「紅旗警示」。法院指出，此案中沒有跡象表明 Maxwell 的董事會收到過警告標誌，原告所指出的 2011 年 1 月的延遲起訴協議所涉及的僅僅是公司員工向中國官員輸送非法回扣有關的問題，這與確認收入時未採取合同所規定的特殊銷售安排，並非公司內部控制系統的同一問題、同一缺陷；同時，原告也沒能證明：在中國的非法回扣計劃應當使 Maxwell 的董事們對與此無關的銷售安排和確認收入的公司運行問題提高警惕②。亦即，從 Maxwell 案的法院意見可看出，「紅旗警示」的事實必須與被告董事不作為的事實具有相關性，否則就不能構成「紅旗警示」。

其二，在原告所舉出的事實構成「紅旗警示」的前提之上，法院將進一步審查被告董事在事前是否確實知道或者應知這些「紅旗警示」信息。比如，在 Polycom 案中③，法院就對原告所指出的被告董事應當知道原 CEO 不當報銷個人費用這一「紅旗警示」作出審查，並最終否決了原告的主張。法院認為，原告所舉出的秘密證人的證言僅能表明 Polycom 的員工和一些管理人員意識到了原 CEO 費用報銷的問題，並不能證明任何一位董事會成員

---

① Maxwell 案的案情如下：Maxwell 是一家註冊於特拉華州，主要辦公地點位於加利福尼亞州聖地亞哥市的公司。Maxwell 的主要業務為開發、製造和銷售能源儲存和電力輸送產品以及微電子產品。根據 Maxwell 的收入確認政策和公認會計準則，收入只有在一定條件得到滿足的情況下才能確認。根據上述安排，某銷售收入不應在裝運時確認。但由於未與會計部門溝通，Maxwell 過早地確認了這筆銷售收入，虛增了財務報表中的收入。2013 年 3 月 7 日，Maxwell 宣布將重述 2011 年和 2012 年前三季度的財務報告，同時聲明，初步認定在有關收入交易的確認和評估環節的公司內部控制機制存在「重大缺陷」。原告起訴聲稱，被告董事應當意識到了公司的內部監督控制系統存在缺陷，但未對內控監督系統予以有效修復，最終導致了虛假的財務報表，造成公司面臨諸多訴訟成本費用，並造成股價急遽下挫，被告董事應當對此承擔個人責任。See In re Maxwell Techs., Inc. Derivative Litig., No. 13-CV-966-BEN RBB, 2014 WL 2212155, at *1-2 (S. D. Cal. 2014).

② See In re Maxwell Techs., Inc. Derivative Litig., No. 13-CV-966-BEN RBB, 2014 WL 2212155, at *10 (S. D. Cal. 2014).

③ Polycom 案的案情如下：Polycom 是一家位於美國聖何塞市提供視頻和電信系統服務的公司。在 Miller 任職 Polycom 公司的 CEO 期間，其被指控不當地報銷了大量個人費用。原告認為，正是由於公司董事未能對公司的審計和會計控制系統進行充分的監督，才導致 Miller 可以擅自地以公司費用的名義報銷大量個人費用，並且董事們應當意識到了公司的費用報銷控制系統存在缺陷。因此，董事們應當對由此給公司造成的損失承擔個人責任。See In re Polycom, Inc., 78 F. Supp. 3d 1006, 1011 (N. D. Cal. 2015).

得知存在這些問題；秘密證人的陳述或者原告的指控也沒有證明員工和一些管理人員所意識到這些問題是董事會所應當知道的問題；原告沒有舉出一個單一的實例來表明內部控制系統或者「紅旗警示」被董事會所忽略和漠視①。與此相似，在 Yahoo 案中②，雖然原告指出，馬雲通過被告之一 Yang（雅虎向阿里巴巴派駐的董事）向被告雅虎董事會明確告知「馬雲將不會等到中國央行新規落地之後才採取行動」，但是，法院認為，原告的指控缺乏任何表明被告董事會知道馬雲將單方面終止 VIE，從而擅自將阿里巴巴最重要的資產——支付寶轉移至中國的事實③。也即，原告的指控能夠證明的僅僅是被告董事會知道或者應知馬雲將在近期展開行動，但並沒有證明被告董事會明確地知道或者應知「馬雲將單方面終止 VIE 架構」這一「紅旗警示」的信息。

4.1.3 知道「紅旗警示」後董事作為義務的審查

被告在知道或者應當知道「紅旗警示」後，法院將對是否立刻做出補救與整改行動予以審查。在被告知道或者應當知道公司在營運中存在某些不當或違規之處時，也即在明知或應知「紅旗警示」的相關事實之時，應當立即對公司中所存在不當與違規行為予以阻止，並對已經形成的不當與違規行為採取措施予以整改與補救，以避免或者減少公司因不當違規行為

---

① See In re Polycom, Inc., 78 F. Supp. 3d 1006, 1015-1016（N. D. Cal. 2015）.

② Yahoo 案的案情如下：Yahoo 是一家註冊於特拉華州的全球數字媒體公司。2005 年，根據一份股份收購與出資協議，雅虎向一家總部位於中國的電子商務公司—阿里巴巴集團控股有限公司，投資 10 億美元以收購其 40%的流通股。2005 年中國人民銀行提出監管法規，將限制允許外國投資者持有向第三方提供服務的非金融機構的股權，比如支付寶。該修訂條例規定，從 2010 年 9 月開始，非金融機構將被要求向中國人民銀行提交大量的登記材料，並必須取得在中國營運支付服務的許可。正是因此監管條例的出抬，阿里巴巴通過一系列股票轉讓，將阿里巴巴對支付寶的所有權，從阿里巴巴（離岸公司）轉移到了浙江阿里巴巴電子商務有限公司手中。2011 年 3 月 31 日，阿里巴巴通知 Yahoo 其對支付寶 100%的所有權已經轉移到浙江，並將在 2011 年第一季度開始將支付寶的財務業績從阿里巴巴中分拆出去。原告聲稱，Yahoo 的董事會在明知馬雲會將支付寶轉移至中國的情況下，卻未對該部分公司所間接持有的財產予以密切監控與阻止，從而違反了其監督義務。See In re Yahoo! Inc. S'holder Derivative Litig., 153 F. Supp. 3d 1107, 1113-1116（N. D. Cal. 2015）.

③ See In re Yahoo! Inc. S'holder Derivative Litig., 153 F. Supp. 3d 1107, 1123（N. D. Cal. 2015）.

董事注意義務的司法認定：美國的經驗和中國的再造

所造成的損失。若被告董事明知公司在營運中存在某些不當或違規之處，明知「紅旗警示」卻對其採取無視、不作為的態度，則被告應當被認定為沒有盡到以公司利益最大化的方式行事的善意。

比如，在 Westmoreland 一案中[①]，Baxter 公司的董事會明知 FDA 特別要求其需要採取額外的行動與措施，以使得公司的輸液產品能夠符合 FDA 的監管要求和同意令，卻依然將公司所有的資源致力於新一代輸液產品的研發之中，而無視原有輸液產品的缺陷、無視由 FDA 所發起的反覆的「紅旗警示」，沒有選擇對原有問題產品的缺陷予以修復與整治。最終，法院認定被告董事會的不作為行為存在未以公司、股東最大利益著想的惡意[②]。

與此則案例相反的是，在 Polycom 和 Maxwell 兩個案件中，由於被告在知道「紅旗警示」後立刻採取行動以對此作出回應，法院最終沒有因此而追究被告董事們的注意義務責任。在 Polycom 案中，董事會在意識到了前 CEO-Miller 費用報銷的違規問題之後，及時展開針對 Miller 費用報銷的內部調查，並委託獨立的法律顧問作為代表進行協商談判，並最終與 Miller 簽訂離職協議更換了 CEO 人選[③]。在 Maxwell 案中，董事會在發現內部控制存在重大缺陷，並由此導致公司財務虛假陳述之後，其立馬進行展開內部調查，

[①] Westmoreland 案的案情如下：Baxter 公司的主要業務是生產醫療器械。20 世紀 90 年代，Baxter 開始生產和銷售一款名叫「輸液泵」的產品，用於給患者靜脈輸液的電子醫療裝置。1999—2005 年，該款設備在使用中發現存在一系列缺陷。2006 年 6 月，FDA 與 Baxter 簽署了由法院批准的譴責和永久禁令的同意令，該同意令要求 Baxter 在美國範圍內停止生產和銷售所有類型的輸液泵，並對大約 20 萬臺已經進入醫療服務專業人員手中的輸液泵進行修復，直至這些設備符合聯邦食品藥品法案的質量標準。同意令生效後，Baxter 立即投入大量資源對輸液泵產品進行修復。但從 2008 年第四季度開始，Baxter 對輸液泵修復項目的資源投入大幅減少。2009 年，FDA 對 Baxter 提出警告，要求 Baxter 需要持續地對輸液泵進行觀察與修復並提交臨床數據。不久之後，Baxter 的高管向投資者宣布公司將會開發新一代名叫「人工心肺機」的設備，並將重新分配公司在修復舊設備與開發新設備之間的資源配置。FDA 認為這一提議不可接受，基於 2006 年同意令所賦予的權力，其要求 Baxter 召回和銷毀當時在美國使用的所有輸液泵，該公司預估召回的稅前成本將達到 5.88 億美元。原告提起訴訟聲稱是由於董事未對公司的產品違規現象予以有效的監督與整改，從而造成公司遭受來自 FDA 的處罰，使公司遭受巨大損失。See Westmoreland Cty. Employee Ret. Sys. V. Parkinson, 727 F. 3d 719, 722-724 (7th Cir. 2013).

[②] See Westmoreland Cty. Employee Ret. Sys. V. Parkinson, 727 F. 3d 719, 728-729 (7th Cir. 2013).

[③] See In re Polycom, Inc., 78 F. Supp. 3d 1006, 1019-1020 (N. D. Cal. 2015).

同時，公司對外宣布將對財務報告予以重述並承認虛增收入，除此之外，公司大批高管人員因此而辭職、並對相關工作人員予以解雇①。

4.1.4 善意標準在上述關注焦點中的具體適用

通觀上述法院的關注焦點，完全可以將監督公司商業營運的這類義務視為一種作為義務，也即，該義務要求公司董事在特定情形下必須有所行動、有所作為。若在特定情形下公司董事未採取必要的行動，也即公司董事有意識地漠視其職責從而構成不作為，應當認定被告董事在此時處於未以公司利益最大化的方式行事的惡意狀態，從而被告董事應當對其不作為所造成的公司損失承擔個人責任。基於前文所述，監督公司違反日常營運的作為義務，可以分兩種情況予以討論：其一，公司董事未建立信息報告系統，或建立了該系統卻未對其予以有效運行與監督；其二，公司董事在知道或者應當知道「紅旗警示」之後，未採取行動與措施對其予以回應與補救。

其一，就前者而言，其傾向於一種程序性質的作為義務，即董事會必須採取信息報告系統這種程序並對該程序予以有效地運行與監管。對此，Holland 法官在 Stone 一案中就明確指出了董事監督義務的責任要件：「董事徹底地未執行任何報告或信息控制系統；或者已經執行了該控制系統，但其有意地不對該系統的運行予以監督與管控，由此使得他們自己不能得知要求他們予以注意的風險或問題。」② 由此可知，一方面，公司董事未執行任何信息報告控制系統可以說明董事未盡到善意；另一方面，在董事會建立了信息控制系統的前提下，未對其有效運行與監督同樣說明董事未盡到善意。

其二，就後者而言，其責任要件建立在「信息」的明知或應知的基礎上，也即，必須在董事在事前對「紅旗警示」的事實信息予以知悉或者應當知悉的情況下，其才有可能被追責。對於此責任要件，Allen 法官在 Caremark 一案中明確指出：「①董事們知道；②或者應當知道違法事實已經發生；③在上述任一情況下，董事沒有基於善意努力地去採取措施阻止或者

---

① See In re Maxwell Techs., Inc. Derivative Litig., No. 13-CV-966-BEN RBB, 2014 WL 2212155, at *1-2 (S. D. Cal. 2014).

② Stone ex rel. AmSouth Bancorporation V. Ritter, 911 A. 2d 362, 370 (Del. 2006).

挽救該情形；④該不作為是導致公司損失的近因。」① 換言之，在該情形下滿足以下三個要件才能認定被告董事不作為行為的惡意：①被告董事知道或者應當知道「紅旗警示」；②在知道或者應當知道「紅旗警示」的情況下，被告董事未採取行動與措施，從而有意地漠視其應盡的職責；③被告董事的不作為與公司損失有因果關係。此責任認定標準尤其需要注意如下兩點：第一，何為「紅旗警示」？通過前文法院關注焦點的梳理，通常可以認為如下事實類型構成「紅旗警示」：官方機構的調查結果顯示公司運行中存在不當或違規行為、官方機構向公司發送的違規警告或者整改要求、內部審計或者外部審計報告中所提到的有關公司運行的不當與違規行為、知名媒體對公司運行中的不當與違規行為的公開報導、以前與公司運行中的此類不當與違規行為有關的司法訴訟。第二，「紅旗警示」必須為公司董事所明知或者應知。如若原告所能證明的僅僅是公司員工或一些管理層知道或者應當知道「紅旗警示」事件，則不能因此而推斷公司的董事們也知道或應當知道這些事實，因為法律「並不要求董事們掌握企業運行中所有方面的細節信息。在科技時代下，該要求將會與高效組織的規模與範圍高度不一致」②。因此，原告必須證明公司董事們知道或者應當知道「紅旗警示」，而並非證明公司員工和其他管理人員知道或者應當知道即可。而如何才能證明董事們知道或者應當知道「紅旗警示」，通過上述法院關注焦點的梳理發現，其可以通過如下方式予以證明：官方機構的調查結果或違規警告送達公司董事長或董事處，內部或外部審計報告在董事會會議上被討論過或被送達董事長或董事處，在公司自行披露的表格信息中其承認公司運行中存在不當或違規行為，以及其他案件特定事實。

4.2 美國法院在監督信息披露合規性義務中的關注焦點

公司董事的監督類注意義務包括監督公司的財務狀況，並有義務瞭解公司財務報告及其財務披露、監督財務報告的充分性及其合規性。公司董

---

① In re Caremark Intern. Inc. Derivative Litigation, 698 A.2d 959, 971 (Del. Ch. 1996).

② In re Caremark Intern. Inc. Derivative Litigation, 698 A.2d 959, 971 (Del. Ch. 1996).

事應當對存在虛假性、誤導性以及重大遺漏的公司財務報告予以更改與糾正，若有跡象表明公司董事知道或者應當知道公司的財務報告存在虛假性、誤導性以及重大遺漏，卻未對其予以有效阻止，則公司董事應當對由此給公司所帶來的損失承擔注意義務個人責任（見表4.2）。

表4.2 監督公司信息披露合規性義務的美國案件概覽

案件名稱	審結年月	審理法院	被告身分	被告被訴行為簡介	判決結果
Wood V. Baum	2008年7月	特拉華州最高法院	董事會成員	被告對某些公司不良資產進行不當估值，最終致使公司發布了虛假的財務報表	駁回原告訴求
In re Citigroup Inc. Shareholder Derivative Litigation	2009年2月	特拉華州衡平法院	董事和高管	被告董事未能適當地披露某些金融工具的價值、未能完全披露公司所面臨的市場風險，最終形成誤導性的財務陳述	駁回原告訴求
In re Accuray, Inc. Shareholder Derivative Litigation	2010年8月	加利福尼亞州聯邦地區法院	董事	被告對公司的收入尤其是對公司的存貨進行虛假陳述	駁回原告訴求
Rich ex rel. Fuqi Intern., Inc. V. Yu Kwai Chong	2013年4月	特拉華州衡平法院	董事和高管	被告因未對公司會計控制系統予以有效監督，導致公司財務信息披露存在重大瑕疵	支持原告訴求
In re Maxwell Technologies, Inc. Derivative Litigation	2014年5月	加利福尼亞州聯邦地區法院	董事	被告未對公司內部控制體系盡到充分監督，導致公司財務披露存在虛假性	駁回原告訴求
In re Polycom, Inc.	2015年1月	加利福尼亞州聯邦地區法院	董事會成員	因被告董事未對公司的費用報銷系統盡到有效監督，導致誤導和虛假性的財務費用報告	駁回原告訴求
In re Yahoo! Inc. Shareholder Derivative Litigation	2015年12月	加利福尼亞州聯邦地區法院	董事	被告董事進行或者允許進行關於雅虎投資阿里巴巴的虛假陳述，且未對投資風險予以充分披露	駁回原告訴求

4.2.1 董事是否知道或者應知披露信息的違規性

與監督公司日常營運義務類案件相同，法院在對董事監督公司信息披露合規性義務案件的審理過程中，尤為關注被告董事是否知道或者應當知道提醒董事們注意和採取行動措施的「紅旗警示」，而此處的「紅旗警示」便是所披露信息的違規性事實。如若董事們在事前知道或者應當知道公司的財務信息及其報表存在虛假性、誤導性和重大遺漏，則其應當採取措施對其予以阻止或者更正。若董事們在知道或者應當知道披露信息違規性的情況下，未採取任何措施予以阻止或更正，或者對此採取放任漠視的態度，則其應被認定為未盡到以公司最大利益的方式行事的惡意，其應當對此不作為行為所帶來的公司損失承擔個人責任。反之，若董事們在事前並不知道披露信息的違規性問題，則此時並不存在董事個人責任的前提條件，故而即便事後因披露信息的違規性造成公司損失，也不應由董事對此負責。就此，被告董事在事前是否知道或者應當知道所披露信息的違規性是董事責任追究的前提要件，也是法院在此類案件審理過程中最為關注的焦點。法院在實踐中對此關注的焦點審查可分為兩點：其一，原告所舉出的證據是否足以構成「紅旗警示」信息；其二，被告是否實際地知道或者應當知道這些「紅旗警示」信息。

首先，就原告所舉出的證據是否足以構成「紅旗警示」信息而言，法院通常要求「紅旗警示」具有案件特定性。比如，在 Citigroup 一案中[①]，原告聲稱被告花旗集團董事會審計與風險管理委員會的成員，知道或者應當知道花旗集團在次級抵押貸款市場所面臨的風險程度，從而其應當知道花旗集團對外披露的信息表格因缺乏足夠的風險警示信息而具備重大瑕疵與缺陷，因此應當對所指控的花旗財務陳述中的虛假陳述或者遺漏性陳述負

[①] Citigroup 案的案情如下：Citigroup 是一家註冊於特拉華州、主要辦公地點位於紐約的全球性金融服務公司。原告聲稱，自從 2006 年早期開始，被告開始允許花旗參與次級債借貸，最終導致公司在 2007 年末遭受巨大損失。花旗進入次級借貸市場多是源於其參與了「債務抵押債券」（CDOs）——花旗集團通過收購有資產支持的證券來重新包裝評級較低的證券，包括住房抵押貸款支持證券（RMBSs），並接著根據證券的不同分類、等級和不同層級的風險與回報來出售現金流權利。其中一些 CDOs 是一個「流動性的投放」——即購買者可以以初始價格回售給花旗。然而 Citigroup 並沒有將上述風險予以全面披露，未能確保公司的財務報表和其他披露的信息是徹底且精確的。由此，被告董事違反了其對公司信息披露的合規性予以有效監督的義務。See In re Citigroup Inc. Shareholder Derivative Litigation, 964 A. 2d 106, 112–115（Del. Ch. 2009）.

責。但法院認為，原告所指出的事實僅僅相當於是表明了經濟狀況惡化，原告沒有指出特定事實來表明被告董事意識到了虛假陳述或遺漏性陳述，僅僅聲稱次級抵押貸款市場存在某些風險跡象不足以表明被告董事知道花旗的信息披露是虛假的或是被遺漏的①。原告所舉出的次級抵押市場的高風險環境不具有本案件的針對性與特定性，不足以構成董事責任前提條件的「紅旗警示」。與 Citigroup 案相反的是，在 Fuqi 一案中②，法院認定原告所舉出的如下事實足以構成警醒被告董事採取行動的「紅旗警示」：Fuqi 公司收到了來自 NASDAQ 的通知信，該通知信說明公司沒有遵守及時向 SEC 上報財務報表的 NASDAQ 規則要求；SEC 對 Fuqi 公司展開其未及時上傳週期性財務報表有關的正式調查③。這一系列事實均來源於該案件的特定事實，這些特定事實也足以說明被告董事對公司會計信息披露違規的事實是應當知道的，從而足以構成「紅旗警示」這一董事責任的前提要件。

其次，就被告是否實際地知道或者應當知道這些「紅旗警示」信息而言，法院尤為強調被告董事知道或者應當知道「紅旗警示」信息的確切性，也即原告必須舉證證明被告確實知道所披露信息的違規性。對此，原告通常以被告董事簽署或者批准了具有違規性的財務報表為由，主張被告董事對財務報告違規性的應知或明知。然而，法院對此一概採取否認態度。比如，Wood 案中④，法院認為，原告舉證董事會簽署財務報表而沒有舉證被

---

① See In re Citigroup Inc. Shareholder Derivative Litigation, 964 A. 2d 106, 134-135 (Del. Ch. 2009).

② Fuqi 案的案情請見前 94 頁腳註①。

③ See Rich ex rel. Fuqi Int'l, Inc. V. Yu Kwai Chong, 66 A. 3d 963, 968 (Del. Ch. 2013).

④ Wood 案的案情如下：MME 是一家在特拉華州註冊、主要營業地在馬里蘭州巴爾的摩市的一家有限責任合夥，「其為各方提供債權股權融資服務，從事免稅債券及其他與房屋有關的債務及股本投資，同時也是一個獲取和轉讓低收入住房稅收抵免的稅收信貸辛迪加」。原告指出，由於被告董事的原因，導致 MME 公司違反公司內部政策、通用公認會計準則（GAAP）和 SEC 會計標準以及財務會計 115 標準，而對某些不良資產進行了的不當估值，並致使公司發布了與那些資產的價值有關的虛假財務報表。同時，被告董事未能適當地建立、管理和維持一個充分的會計和報告控制系統、實踐和操作程序。基於以上事實，被告董事違反其應盡的監督義務，從而導致了大量的重述程序、一個 SEC 的調查和金融市場中的大量損失等不良後果，董事應當對此承擔個人責任，該案所涉公司的性質雖然是有限責任合夥（LLC），但該案案情典型的屬於董事違反監督信息披露合規性義務，故即便公司性質不同，但依然將其作為比較樣本。See Wood V. Baum, 953 A. 2d 136, 139-140 (Del. 2008).

告存在其他行為，這不足以形成董事們實際知道或者推定應當知道任何非法行為的推論，原告必須指出特定事實以證明被告對財務報告違規性的明知或應知①。還如，在 Yahoo 案中②，法院認定，原告聲稱雅虎董事已經「簽署」了有關披露信息這樣的結論性指控，並不能在特拉華法律下免除股東派生訴訟的訴前請求③。同樣地，在 Polycom 案④和 Maxwell 案⑤中，原告聲稱，董事們在不同的報告中簽字署名說明他們肯定知道財務報表中的虛假成分，或者是對他們應盡的義務職責視而不見，但該案法院對此表示：沒有任何特定具體的事實性指控來解釋董事們知道什麼、董事們什麼時候知道了虛假和誤導性陳述，法院就不能推斷出董事會具有惡意、故意或者有欺騙意圖⑥。那麼，何種事實才能表明被告董事對披露信息違規性的明知或應知？Fuqi 案對此作出解答。Fuqi 案的法院認定：Fuqi 公司向 SEC 提交 NT10-K 報表宣布其 2009 年的季度財務報告因會計錯誤需要重述，並宣布其 2009 年第四季度的 10Q 和 10K 報表將延遲，因為其發現公司存貨與銷售成本的會計核算存在錯誤等一系列事實，足以表明被告董事會明知其所發布的信息存在重大缺陷⑦。

4.2.2 董事對違規財務報表的實際參與性

信息披露合規性義務的第二個關注焦點在於，被告董事是否實際地參與了違規財務報告的籌備與審核工作。通常，若被告董事實際地參與了違規財務報告的籌備與審核，則其應當對該信息披露的違規性負責。不過，美國法院對此要求必須僅能在董事們確實地實際地參與了違規財務報告的

---

① See Wood V. Baum, 953 A. 2d 136, 142 (Del. 2008).
② Yahoo 案的案情請見前 97 頁腳註②。
③ See In re Yahoo! Inc. S'holder Derivative Litig., 153 F. Supp. 3d 1107, 1120 (N. D. Cal. 2015).
④ Polycom 案的案情請見前 68 頁腳註③。
⑤ Maxwell 案的案情請見前 96 頁腳註①。
⑥ See In re Polycom, Inc., 78 F. Supp. 3d 1006, 1016–1017 (N. D. Cal. 2015); See In re Maxwell Techs., Inc. Derivative Litig., No. 13–CV–966–BEN RBB, 2014 WL 2212155, at *12 (S. D. Cal. 2014).
⑦ See Rich ex rel. Fuqi Int'l, Inc. V. Yu Kwai Chong, 66 A. 3d 963, 968–970 (Del. Ch. 2013).

籌備與審核的情況下，才能對被告追責。因此，原告若以公司章程對某些董事的職責要求包括對財務報表予以審核查驗為由，主張其參與了違規財務報告的籌備與審核，法院通常會予以否決。比如，在 Citigroup 一案中，法院認為，原告沒有指出特定事實來表明被告董事參與了財務陳述的準備工作或者他們直接地對誤導性或遺漏性陳述負責，原告僅僅指出花旗集團的財務陳述包含虛假陳述和重大遺漏，而被告董事基於公司章程所賦予的職責而應當審查過這些財務陳述，這並不足以表明被告的惡意[1]。再如，在 Accuray 一案中[2]，原告聲稱被告負責監督和參與所指控的虛假信息的發布、電話會議和表格的提交，但是法院認為，被告沒有職責去決定公司財務報表及其披露的充分性和精確性，章程僅僅要求其審查和討論有關公司盈利數據的發布稿件，原告並沒有指出任何被告明知財務報表不精確的特定具體事實[3]。

4.2.3　善意標準在上述關注焦點中的具體適用

通過對上述法院關注焦點的梳理可知，董事違反監督公司信息披露合規性義務下的非善意（惡意），通常需要滿足以下情形之一：被告董事知道或者應當知道所披露信息的違規性卻未採取阻止行動、被告董事實際地參與了違規財務報告的籌備與審核。上述兩個董事追責情形與前文中的認定標準總結一樣，也可以將二者分別歸入「信息」與「程序」的範疇。不過，對於上述兩個責任要件，美國法院有著更為嚴苛的責任認定標準。

---

[1]　In re Citigroup Inc. Shareholder Derivative Litigation, 964 A.2d 106, 134（Del. Ch. 2009）.

[2]　Accuray 案的案情如下：該案所涉公司 Accuray，其主要業務是設計、開發和銷售射波刀，一種用於治療頑固腫瘤的圖像引導放射外科治療系統。原告指控 Accuray 的收入存在重大的虛假陳述，尤其是對 Accracy 的存貨進行虛假陳述。原告認為，Accuray 所採納的存貨的定義會虛增公司的收入。被告董事明知公司所採納的存貨定義，包括了在未來不可能形成收入的風險偶然合同，還包括僅有很少的機會最終實現射波刀安裝的訂單，卻依然不對該狀況予以整改與糾正，而且還對外宣布：在 2007 年剩餘的季度中，其收入和存貨都將持續增長。最終，公司的股價因財務信息的非精確性遭受巨幅震盪。原告認為被告董事違反了其監督義務。See In re Accuray, Inc. S'holder Derivative Litig., 757 F. Supp. 2d 919, 922-925（N. D. Cal. 2010）.

[3]　See In re Accuray, Inc. S'holder Derivative Litig., 757 F. Supp. 2d 919, 929（N. D. Cal. 2010）.

對於第一種情形，美國法院採用明確地知道或者應當知道標準。美國法院對於如下推論通常採取否認態度：基於被告董事在財務報表上簽字蓋章的事實而推定被告董事知道或者應當知道財務報表是否合規。因為，在美國法院看來，「董事會批准或簽署一筆交易而沒有其他行為，甚至該交易在事後被證明是不當的，這也不足以推斷出被告董事具有應被懲罰的故意或者惡意」①。只有原告證明被告董事們確實明知或者應知財務報表存在違規性瑕疵的「紅旗警示」之時，才能對被告董事基於此責任要件予以追責。就如 Fuqi 案中，原告舉出了 NASDAQ 的通知信、SEC 的正式調查、自我披露其財務報表必須重述等事實來佐證被告董事對於所披露信息違規性的明知或應知。

對於第二種情形，美國法院同樣採用參與籌備與審核的實際性標準。對於原告所指出的公司章程賦予某些董事審查公司財務報表的職責，從而推定被告董事實際地參與了信息披露的籌備與審核工作的主張，美國法院對此通常予以否認。因為美國法院認為：「董事的個人責任不能基於機械固化的紙面上的公司章程予以認定，也不能由公司監督體系的內部文件所建立的理想化的標準予以衡量。」② 因而對於董事是否參與了違規財務報告的籌備與審核，應當採用靈活化的實際性標準，也即，在公司章程沒有賦予某些董事審查核驗公司財務報表的職責，但這些董事又實際地參與了披露信息的籌備、討論與審核的情況下，其也應當對其披露信息的精確性與充分性負責；與此相反，某些董事實際上並沒有參與所披露信息的籌備與審核，即便公司章程條款賦予其該項職責，也不應當對其作出責任推定。

4.3 美國法院在監督公司商業風險義務中的關注焦點

雖然，美國《公司董事指南》對董事會的職責要求包括「瞭解公司的

---

① Wood V. Baum, 953 A. 2d 136, 142（Del. 2008）.

② In re Citigroup Inc. Shareholder Derivative Litigation, 964 A. 2d 106, 135（Del. Ch. 2009）.

風險狀況，並審查和監督公司的風險管理」①。但是，對於董事未對公司的商業風險盡到充分監督導致公司損失的，能否對董事追究個人責任這一問題，學者們持不同觀點。Hill 和 McDonnell 兩位學者指出，在經歷過金融危機的劇烈影響之後，董事的監督義務應當擴展至風險管理領域，因為：實踐中很難將合規類監督義務與其他類型的監督義務區分開來；以薩班斯法案為代表的聯邦法規已對公司的風險控制加強規制；將監督義務擴展至風險管理領域有助於降低公司內部的代理成本、並降低公司對外界尤其是利益相關者所產生的負外部性②。與此相似，Rosenberg 也認為董事的監督義務應當拓展至商業風險領域。其提出，當董事明知未對未來的風險獲取充分的市場信息，或風險明顯超過收益時，或董事根本不對風險評估盡到合理注意而武斷地做出風險承擔決策，此時可對董事追責③。然而，Bainbridge 對此卻認為應當採取保守克制主義，其認為：商業風險隨時處於變化發展之中，難以把控；監督商業風險所帶來的效益具有不確定，但合規類監督義務的正面效益較為明顯；風險管理通常與公司的風險承擔具有千絲萬縷的聯繫，因此，其提倡應將公司董事的風險監督義務嚴格控制在未建立風險管理系統和未對「紅旗警示」採取行動措施的範圍內④。

筆者傾向於 Bainbridge 的觀點，即法院對於公司董事監督商業風險的義務責任應當採取保守與克制。在一般情況下，董事未對公司的商業風險盡到充分監督與管控，應當嚴格地受到商業判斷規則的保護，董事不應擔責；僅在存在「紅旗警示」信息董事採取不作為的態度時，董事應當對其有意識地漠視其應盡職責承擔注意義務責任。本書茲舉三例（該類義務案例樣本詳見表 4.3）以說明董事在何種情況下免責，在何種情況下應對其未盡到商業風險的監督義務擔責。

---

① The Corporate Laws Committee, ABA Section of Business Law, Corporate Director's Guidebook-Sixth Edition, 66 Business Lawyer 975, 986 (2011).

② See Claire A. Hill & Brett H. McDonnell, Reconsidering Board Oversight Duties After the Financial Crisis, 2013 University of Illinois Law Review 859, 867–872 (2013).

③ See David Rosenberg, Supplying the Adverb: The Future of Corporate Risk-Taking and the Business Judgment Rule, 6 Berkeley Business Law Journal 216, 220 (2009).

④ See Stephen M. Bainbridge, Caremark and Enterprise Risk Management, 34 Journal of Corporation Law 967, 982–985 (2009).

表 4.3 監督公司商業風險義務的美國案件概覽

案件名稱	審結年月	審理法院	被告身分	被告被訴行為簡介	判決結果
In re Citigroup Inc. Shareholder Derivative Litigation	2009 年 2 月	特拉華州衡平法院	董事和高管	被告未能充分地監督和管理花旗集團在次級抵押貸款市場上所面臨的風險問題	駁回原告訴求
In re Goldman Sachs Group, Inc. Shareholder Litigation	2011 年 10 月	特拉華州衡平法院	董事	被告董事會使得高盛過度舉債，並參與高風險的商業行為，且沒有為未來的損失留有足夠的備用資金	駁回原告訴求
F.D.I.C. ex rel. Wheatland Bank V. Spangler	2011 年 12 月	伊利諾伊州聯邦地區法院	董事和高管	被告在發放貸款時未對貸款風險盡到合理注意，且無視來自官方的風險警告	支持原告訴求

4.3.1 公司風險管理系統的設立與運行

公司董事應當在公司內部建立一套可供其獲知市場風險信息的風險管理系統，以確保其自己能夠及時瞭解公司所面臨的市場形勢、市場風險，從而確保其能夠在充分信息的基礎上對複雜的商業環境作出應對策略。若董事未能建立可有效運行的風險管理系統，則足以認定被告董事的不作為責任，因此，是否建立風險管理系統通常是法院所關注的一個焦點。比如，在 Citigroup 一案中[1]，法院發現，花旗建立了審計與風險管理委員會，並在 2004 年修訂了委員會的章程，建立該委員會的目的之一就是協助董事會完成與政策標準和風險評價、風險管理有關的監督義務；該委員會還負責與管理層和獨立審計師討論年度審計財務報告、與管理層討論花旗主要的信用、市場、流動性和營運風險等事項；該委員會在 2006 年和 2007 年分別召開 11 次、12 次會議[2]。這些事實不僅足以說明花旗存在一套風險管理的體

---

[1] Citigroup 案的案情請見前 102 頁腳註。

[2] See In re Citigroup Inc. Shareholder Derivative Litigation, 964 A. 2d 106, 127 (Del. Ch. 2009).

系，而且還說明該體系是處於有效運轉的狀態。再如，在 Goldman 一案中[①]，高盛設立了高管委員會和審計委員會，前者的目的是為了審查潛在的新產品和交易，並警惕這些交易給高盛所帶來的大量風險，後者的目的是為了協助董事會對公司市場、信貸流動性及其他金融及經營風險管理活動的監督，這說明被告董事建立了風險管理機制。同時，在預測市場行情走低的情況下，兩個機構通過決定採用做空交易的策略以降低公司所面臨的風險，這說明高盛的風險管理系統處於有效運行之中。由此，法院認定：「被告董事在選擇和執行一個他們相信可以使他們合理地知悉公司商業風險的風險管理系統時，有效地行使了其商業判斷的權利，」[②] 從而受到商業判斷規則的保護。

4.3.2 商業風險中「紅旗警示」的適格性審查

如前文所述，「紅旗警示」的審查功能在於，若被告董事知道或者應當知道「紅旗警示」的風險信息，卻對此予以漠視，依然不合理地將公司置於巨大的商業風險之下，則其應為其不作為所導致的公司損失承擔注意義務責任。此關注焦點是法院在此類監督義務案件中的審查重點，原因在於：一方面，現代公司尤其是大型公眾公司的內部體系設置都較為完善，被告一般不會因未建立有效的風險管理系統而受到責難，因而法院的關注焦點就更多地集中於「紅旗警示」這一信息要件；另一方面，鑒於監督公司商業風險涉及董事的商業判斷問題，法院對此較為謙遜謹慎，故法院通常會對原告所舉出的「紅旗警示」證據的適格性嚴加審查。

[①] Goldman 案的案情如下：Goldman 是一家全球性金融服務公司，為消費者、企業和政府提供投資銀行、證券和投資管理服務。原告訴稱，被告董事允許管理層通過極端的槓桿率和明顯失控的貸款風險和信用風險來實現高盛盈收的增長。2008 年，如果沒有巴菲特的現金輸入和聯邦政府干預將高盛轉換成銀行持股公司，則高盛將會破產。此外，在次級債抵押和住房危機期間，高盛決定採取做空交易，這使得公司的利益與客戶的利益形成直接的衝突關係，雖然高盛從中獲利，但極大地影響了高盛的市場聲譽和高盛的未來利益。原告股東指控被告董事一方面在明知風險的情況下將公司置於市場風險之下，另一方面還允許公司以嚴重違背道德的方式進行交易，從而其未能對高盛的商業運行盡到合理、恰當的監督。See In re Goldman Sachs Group, Inc. Shareholder Litigation., No. 5215-VCG, 2011 WL 4826104, at *2-5 (Del. Ch. 2011).

[②] See In re Goldman Sachs Group, Inc. Shareholder Litigation., No. 5215-VCG, 2011 WL 4826104, at *22-23 (Del. Ch. 2011).

董事注意義務的司法認定：美國的經驗和中國的再造

在 Citigroup 案中，法院對「紅旗警示」的特定性作出了明確要求。在該案中，原告指出以下幾項警告標誌：房地產市場的下滑以及泡沫的破裂，對抵押貸款和次級抵押貸款證券市場將會產生巨大影響；抵押物的停止贖回率大幅上升；幾個大型次級貸款人報表顯示巨額損失，並陸續開始提交破產申請；花旗集團的同行如貝爾斯登、美林證券報告了數十億美元的損失。原告認為上述事實足以說明被告董事應當知道次級抵押貸款市場即將產生的風險，卻依然將花旗置於上述市場風險之中，從而未盡到其監督公司商業風險的注意義務①。法院對這些所謂的「紅旗警示」的適格性予以否定，其認為：這些所謂的「紅旗警示」僅僅相當於是反應了次級抵押貸款市場和經濟狀況惡化的公共文件的一部分，並不構成實質意義上的「紅旗警示」，這些表明市場不良狀況和表明該情形可能將繼續惡化的跡象與標誌，最多僅能表明董事們做出了一個「錯誤」的決策，而不能說明被告董事對「紅旗警示」予以漠視的惡意。原告必須指出特定的具體的事實來表明董事會在「紅旗警示」下存在潛在的不當行為②。

與 Citigroup 案相反的是，Wheatland 一案③的法院認可原告所提出的證據事實構成「紅旗警示」，並支持了原告的訴求。原告指出，該案的被告——Wheatland 銀行的董事接收到了如下幾個足以引起其警醒的警示標誌：①銀行內部的月度信用報告，該報告表明在銀行成立後不久已經迅速形成

---

① See In re Citigroup Inc. Shareholder Derivative Litigation, 964 A. 2d 106, 127 (Del. Ch. 2009).

② See In re Citigroup Inc. Shareholder Derivative Litigation, 964 A. 2d 106, 128-129 (Del. Ch. 2009).

③ Wheatland 案的案情如下：Wheatland 是一家註冊於伊利諾伊州的銀行。Wheatland 銀行的董事和高管集中在商業房地產（CRE）和收購、開發和建設貸款項目（ADC）上過度發放貸款，其高風險房地產貸款項目的百分比遠超同行業平均水準。聯邦和州政府監管機構警告 Wheatland 銀行董事會盡快解決其 CRE、ADC 貸款項目的過高集中度，以及其在銀行成立不久的情況下貸款增長率過快的問題，並批評了 Wheatland 銀行不完備的信用承保和行政監管程序。但是，被告董事並沒有採取任何行動措施去改變貸款發放策略和程序。最終，Wheatland 銀行因過高的不良貸款率和嚴重的資本不足，而被伊利諾伊州金融專業監管部門強令關閉，並由聯邦存款保險公司（FDIC）接管，並由 FDIC 繼承股東的權利。FDIC 起訴要求 Wheatland 銀行董事承擔因未對公司商業風險盡到充分監管而造成的損失。See F. D. I. C. ex rel. Wheatland Bank V. Spangler, 836 F. Supp. 2d 778, 782-784 (N. D. Ill. 2011).

了超過其資產總額的貸款數額；②伊利諾伊州金融專業管理部門和美國聯邦存款保險公司的監管報告，監管報告警告該銀行「貸款增長率過快、貸款發放對象過度集中導致貸款風險激增、違反 LTV 利率指南、糟糕的儲蓄存款總額」；③州檢察員在 2007 年 6 月警告董事會：商業房地產項目的貸款占據了銀行大部分的貸款餘額，且已超過銀行總資產的兩倍，其要求董事會對借貸風險進行密切監控；④董事會和高管在 2008 年初與聯邦監管機構一同討論了當時已經發現的風險問題①。法院認為，這些指控足以證明所有的董事都得知了至少已經意識到了 Wheatland 不可持續的高風險的貸款操作行為，被告董事會依然漠視這些警告且並未採取任何補救措施來改變 Wheatland 銀行的放貸行為，最終造成了銀行的破產，這些事實足以認定被告董事對公司利益的漠視②。

4.3.3 善意標準在上述關注焦點中的具體適用

通觀上述法院關注焦點，董事監督公司商業風險義務的責任路徑同樣存在「程序」和「信息」兩條路徑。「程序」路徑在於董事（會）必須建立一套內部的風險管理系統，並且該系統必須處於有效運轉的狀態；「信息」路徑著重於董事們是否明知或應知「紅旗警示」信息，若董事們對「紅旗警示」明知或者應知，則其應當對該風險警示信息予以足夠的注意與重視，且必須在該信息所蘊含的風險警戒與操作引導下，採取充分的措施盡量避免或者減少公司所面臨的商業風險，而不得對該「紅旗警示」信息有意漠視、恣意妄為，否則其將因未盡到善意而被追究注意義務責任。

就「程序」追責路徑而言，法院司法認定的責任標準為：董事（會）「徹底地」未建立一套風險管理體系；若存在這樣一套風險管理體系，該體系並未處於有效的運轉之中。也即，只有被告董事在公司內部沒有設立任何的諸如審計委員會、風險控制部等機構的情況下，或者在設立了上述內部機構但其並沒有正常運轉的情況下，才能對被告董事追責。

就「信息」追責路徑而言，法院的責任認定焦點在於：董事們所知悉

---

① See F. D. I. C. ex rel. Wheatland Bank V. Spangler, 836 F. Supp. 2d 778, 789-790 (N. D. Ill. 2011).

② See F. D. I. C. ex rel. Wheatland Bank V. Spangler, 836 F. Supp. 2d 778, 790 (N. D. Ill. 2011).

的信息是否足以構成「紅旗警示」。若董事們所知悉的信息僅僅是非特定化的市場行情等警示信息，則此時董事的決策與行為均屬於商業判斷的範疇，受到商業判斷規則的保護；若董事們所知悉的信息足以被視為「紅旗警示」，而董事們對此予以漠視，未基於「紅旗警示」下的風險信息引導或者約束其行為與策略，則此時應當認定董事們未盡到其應盡的善意義務，從而應當為其未對「紅旗警示」盡到合理注意而導致的風險損失承擔個人責任。此處的關鍵在於審查「紅旗警示」的適格性。「紅旗警示」信息必須具有個案特定性，亦即，「紅旗警示」信息必須足以警示告誡董事們對公司特定的商業風險予以關注，並採取行動措施對其作出應對。比如在 Citigroup 一案中，法院認為原告所舉出的事實僅僅是「經濟狀況惡化的公共文件的一部分」，市場行情走低的消極態勢並不能說明花旗集團的董事們已經意識到了花旗集團面臨著風險與危機，也即原告所舉出的事實證據並不具有個案特定性。董事們在知悉此類市場信息的情況下所採取的措施與行為均是其有效的進行商業判斷的結果，不能說明其對公司的風險警示信息採取消極漠視的態度。反觀 Wheatland 一案，公司內部的月度信用報告所體現的貸款風險信息、官方機構的監管報告所指出的風險警示、州檢察員的風險警告信、公司與聯邦監管機構對公司放貸風險的討論，這一系列事實及其信息完全特定於該案中被告董事們對不當放貸行為的不當監督，並且明確地警示被告董事們應當對不當放貸行為所引發的高風險予以密切關注，並糾正銀行不當的貸款審批程序。這些證據事實的特定明確性，足以警示告誡被告董事們應當對公司所面臨的風險予以有效的監督與管控，從而構成董事監督義務最為關鍵的責任要件——「紅旗警示」。

4.4 董事監督類注意義務認定的中美比較

通過上述美國法院對董事監督類注意義務案件關注焦點和認定標準的總結可知，中國在對董事注意義務進行司法認定時所關注的焦點與理路與美國法院具有較大差異（詳見表 4.4）。

表 4.4　董事監督類注意義務司法認定的中美比較概覽

	美國監督類 注意義務案件	中國監督類 注意義務案件	中國財務信息披露違規 的行政處罰案件①
法院（或證監會）關注焦點	被告董事是否設立並有效地運行了信息收集與報告系統；被告董事是否知道或者應當知道警示其採取行動的「紅旗警示」信息，若知道，則其是否採取了充分且足夠的阻止或者挽救措施	被告董事未盡到其監督職責的行為是否違法違規、是否處於公司章程或者公司內部文件所賦予的職權範圍；該行為是否對公司造成損害	董事是否在財務報表以及中期、年度報告的董事會決議上簽字蓋章；董事在公司中處於何種職務、被賦予何種職責
責任認定標準	被告董事徹底地未設立信息控制系統，或者未有效運行該系統；被告董事明知或應知「紅旗警示」，卻予以漠視不作為	被告董事的行為違法違規；被告董事對於其職權範圍內的公司事務未盡到合理監督	董事在相關材料上簽章即認定其責任的有無，並結合董事的職務狀況認定其責任大小

4.4.1　責任追究路徑的差異

在董事監督類注意義務案件中，中國法院對於董事的責任追究路徑通常較為固定化、機械化，而美國法院在董事責任追究路徑方面顯得具有更強的靈活性、可選擇性。具體而言，美國法院對於董事監督義務責任的追究至少存在兩條可選路徑：設立和運行內控系統的程序性路徑和「紅旗警示」下的信息路徑。典型的比如，在 Caremark 一案中，法院首先審查被告董事對公司中違反《聯邦反轉診支付法》的營運事實是否知道或者應當知道，在此條追責路徑失敗之後，法院便立即轉向被告是否「持續地系統地

---

① 為了對董事監督信息披露合規性的注意義務進行中美類案比較，筆者從中國證監會官方網站收集了 2010 年 1 月至 2019 年 9 月期間，中國證監會對董事因公司財務信息披露違規進行行政處罰的行政處罰決定書 67 份，該 67 份行政處罰決定書全部為董事因未對信息披露合規性盡到勤勉監督而遭受行政處罰的案件（行政處罰決定書詳情請見附錄）。雖然此處進行類案對比的中國案例是行政處罰決定，但是這些行政處罰決定對於探究中國對信息披露違規情形下的董事責任認定具有重要意義，故而將其與美國法院的判決書進行比較也具有一定研究價值。

| 113

未建立運行一個信息收集和報告系統」的審查①。此說明法院在對董事進行追責時並不局限於一種審查路徑。再如，在 Stone 一案中，法院首先根據畢馬威的審計報告查驗涉案公司是否設立有一套完備的合規系統，其後，轉而審查這些合規系統在公司日常營運中是否處於有效的運轉狀態，在上述兩條路徑均無法實現對董事的追責之後，最終提出此時原告必須指出「紅旗警示」的事實證據才能要求董事擔責②。

就中國法院而言，對董事監督義務責任的追責路徑較為狹窄且單一，通常採用的追責路徑就是侵權責任式的以違反法律法規為前提的審查路徑。比如，在上海××公司一案中，法院總結出兩個審理焦點：其一為被告是否存在損害公司的行為事實，其二是公司受到行政處罰與被告的履職行為之間的因果關係，且對於第二個焦點，法院認為應當以被告行為的違規性為核心③。再比如，在序號 13 和序號 27 這兩個案件中，法院均以被告的違法行為和違法行為所給公司帶來的損害後果作為董事的追責要件④。當然，法院在案件審理實踐中受到此種追責路徑的局限最主要的根源還是來源於，中國現行《公司法》第 147 條對於勤勉義務的規定以違法違規作為責任前提，同時，《公司法》第 149 條所規定的董事責任條款，也明顯地採納了以違法違規為前提的侵權責任式的構造路徑，所以法院在司法適用時不得不遵循法律規定所構造的路徑，最終導致了法院對董事注意義務責任追責路徑機械化、模式化的後果。

4.4.2　法院關注焦點的差異

在董事監督類注意義務案件中，中美法院關注焦點的差異主要在於：

---

① See In re Caremark Intern. Inc. Derivative Litigation, 698 A. 2d 959, 971-972（Del. Ch. 1996）.

② See Stone ex rel. AmSouth Bancorporation V. Ritter, 911 A. 2d 362, 371-373（Del. 2006）.

③ 參見（2011）滬二中民四（商）終字第 552 號判決書（該案屬於典型的因董事未盡到充分的監督管理職責而使公司受到行政處罰的案件。雖然該案的被告是公司總經理，而非董事，但是，該案的法院意見可以為我們提供法院在此類案件中的裁判思維與審理態度，因此，本書將該案作為比較樣本）。

④ 參見（2014）渝五中法民終字第 05636 號判決書、（2006）南川法民初字第 538 號判決書。

前者以公司章程的職責範圍和違法行為為關注焦點；後者以事前程序的設立與否、「紅旗警示」的知悉與否為關注焦點。詳細而言，美國法院通常將關注點集中於被告董事在事前是否建立有便於其行使監督職能的程序性控制體系，以及在公司日常營運中是否對控制系統進行了有效營運；同時，其還著重關注被告董事在事前是否知道或者應當知道提醒其採取措施以阻止損失的「紅旗警示」，若知道「紅旗警示」信息，則著重審查被告是否對該警示信息做出了足夠的回應。

對於中國法院而言，其多將視角集中於案涉公司的章程對被告董事做出何種職務設定以及職責範圍，被告董事的案涉行為是否違反了法律法規。比如，在序號 1 和序號 25 這兩個案件中，原告均控訴被告董事未對公司勞動合同的簽訂事宜以及員工社保繳納事宜盡到足夠的監督管理，最終導致公司損失。該兩個案件的法院均聲明首先應當明確公司的勞動合同簽訂事宜和社保繳納事宜是否屬於被告的職責範圍，而確定被告職責範圍的依據便是公司章程以及公司內部崗位職責等文件①。依據此裁判路徑，通常而言，根據公司章程等形式文件，若案涉事宜不屬於被告的職責範圍，則被告就可免責。如此一來，若某些案件中被告董事對於案涉事宜是知道或者應當知道的，且未對其作出有效的監督與管控行為，則此種以公司章程為導向的裁判思路是無法對此種情形下的董事予以追責。再如，在上海××公司一案中，原告指控被告因未對公司盡到合適的監督管理導致被有關部門處以行政處罰。法院所總結的其中一個審理焦點是，公司受到相關行政處罰與被告的履職行為之間是否存在因果關係，然而，對於此審理焦點，法院卻認為應當著重考慮被告在任職期間，是否有違反法律法規或違背公司章程的行為②，也即將此審理焦點的重心置於違規性與越權性之下。對於此類因被告董事監督管理的失職導致公司被官方機構處以罰款的案件類型，美國法院通常會將焦點聚集於對「紅旗警示」信息的審查，來表明被告是

---

① 參見 (2014) 亭商初字第 0269 號判決書、(2012) 渝一中法民終字第 04533 號判決書。

② 參見 (2011) 滬二中民四 (商) 終字第 552 號判決書 (該案是因總經理未盡到充分的監督管理職責而使公司受到行政處罰的案件，由於該案被告的身分是總經理而非董事，故未在表 1.1 中列示。但該案可以為我們展示法院在此類案件中的裁判思維和審理態度，因此本書在此將該案作為比較樣本)。

否對受到行政處罰的公司業務的相關事宜明知或應知，若被告董事明知或者應知且又未採取任何行動措施，則其應當為此承擔個人責任①。從此處可看出，在同一類案件下，中國法院與美國法院的關注焦點是截然不同的。

4.4.3 責任認定標準的差異

責任認定標準的差異主要體現在董事監督公司信息披露合規性義務這一類案件中，中國對於董事監督公司信息披露合規性義務的責任認定標準為嚴格責任標準，而美國法院對於此類義務的責任標準通常為故意或重大過失下的過錯責任標準。如4.3.3部分所述，美國法院通常在如下兩種情形下對董事追責：被告董事知道或者應當知道由披露信息的違規性所形成的「紅旗警示」、被告董事實際地參與了違規財務報表的籌備與審核。對於該兩種情形的具體認定，美國法院採用了極為嚴苛的證明標準。對於「知道或者應當知道」的標準，美國法院要求不得通過被告董事在違規財務報表上簽字蓋章，來表明董事們對所披露信息違規性的明知或應知，而必須通過其他證據來證明被告董事確實地明知或應知披露信息的違規性。對於「實際參與」標準，美國法院要求不得依據公司章程或者內部規章對被告董事所賦予的職責來推定應當其參與了違規財務報表的籌備與審核工作，而必須證明到被告董事「實際地」參與了籌備與審核工作。

與美國法院恰恰相反的是，中國證監會在對財務信息披露違規進行行政處罰時，其所採納的責任標準卻恰好是依據董事在財務報表上的簽字狀況和董事在公司中所負有的職務職責狀況來予以認定②。其通常的做法是，依據財務報表以及相關材料上的簽字狀況來認定董事責任的有無，依據董事們在公司中所擔任的職務和所負有的具體職責來認定董事責任的大小，

---

① 比如，McCall 案、Abbott 案、Westmoreland 案等案件，均是由於被告董事的監督管理失職導致公司遭受國家權力機關的罰款。但在上述案件中，法院的關注焦點並不是違規性與越權性，而是通常根據被告在當時所掌握的信息來進行責任認定。See McCall V. Scott, 239 F. 3d 808, 820-824 (6th Cir. 2001); See In re Abbott Labs. Derivative Shareholders Litig., 325 F. 3d 795, 808-809 (7th Cir. 2003); See Westmoreland Cty. Employee Ret. Sys. V. Parkinson, 727 F. 3d 719, 728-729 (7th Cir. 2013).

② 在筆者收集的67份中國證監會行政處罰決定書中，除其中5份因行政處罰決定書過於粗略而無法從中查明責任認定標準以外，其與62份均採用簽章結合公司職務的責任認定標準對董事進行行政處罰（詳情請見附錄）。

而通常不會顧及董事們在披露信息的違規操作中具體的實施角色，以及對違規操作實際影響力的大小①。此外，中國對於董事監督公司信息披露合規性義務的嚴格責任標準還體現在，若董事提出對案涉信息披露違規行為既未參與、也不知悉的抗辯，中國證監會一概不予採納，其通常會明確地指出：「對違法行為不知情、無法預見、沒有參與均非當然的免責理由。」② 因此，在某些已查明董事對違法事實確實不知情的案件中，依然被證監會處以行政責任的處罰③。同時，對於董事提出其對審計機構無保留意見的信賴的免責理由，中國證監會同樣也一概不予採納④。這與美國法院的認定標準也恰好相反，美國法院對於被告董事的責任認定正是基於知悉與參與的標準，未參與、未知悉恰好是被告董事們正當的免責理由，同時，對於被告善意地信賴第三方機構的意見或報告的抗辯，美國法院通常也會採納。

由此可見，中國對於公司董事監督信息披露違規性義務下的責任認定態度極為嚴苛，而美國對於董事的此類義務卻又極為寬鬆。不過可以理解的是，本書在信息披露違規性監督這一類義務的比較樣本來源於行政處罰決定書，也即是對董事行政責任的認定而非民事責任的認定，因而行政責任的認定標準比民事責任的認定標準更為嚴格也不具有太多可責難性，再加之中國公司財務作假狀況泛濫，對當事人苛以嚴格責任也屬明智之舉，因而，責任認定標準的迥然相異在此看來也似乎在情理之中。不過，即便本書所採用的樣本來源於行政處罰決定書，但依然可以從中對中國董事監督信息披露合規性義務的責任認定標準窺見一二，故而將其與美國法院的判決書進行比較也具有一定研究價值。

---

① 在筆者收集的 67 份中國證監會行政處罰決定書中，僅有 2 份行政處罰決定書結合當事人在違法行為中的具體實施角色對董事的責任予以綜合認定，該兩例為新疆中基實業（中國證監會罰字〔2014〕68 號）和銀河科技（中國證監會罰字〔2011〕19 號）。
② 參見中國證監會罰字〔2015〕10 號、〔2015〕66 號、〔2017〕105 號、〔2018〕10 號、〔2018〕116 號、〔2019〕69 號，等等。
③ 參見中國證監會罰字〔2011〕19 號、〔2013〕23 號、〔2013〕53 號、〔2014〕69 號、〔2015〕21 號。
④ 參見中國證監會罰字〔2010〕8 號、〔2010〕10 號、〔2015〕84 號、〔2017〕73 號、〔2018〕9 號、〔2019〕44 號，等等。

5 中國董事注意義務司法認定模式的再造

在對美國法院的注意義務案件進行詳細的分類剖析之後，可發現，美國法院對於注意義務案件的審查認定更具靈活性與特殊性，其通常基於案件具體特定的事實情形，來考察董事們在履行決策與監督職能時所知悉的信息、所採取的程序，通過對信息與程序的審查來判定董事的善意與惡意，從而認定董事的責任與否。此種司法認定模式可以突破注意義務合規性、越權性認定的局限，實現對未違法違規、未超越職權的董事懈怠、疏忽行為予以追責。更為重要的是，其根據董事們在事前所知悉的具體事實情形和所採取的具體程序措施，來對董事們在履職過程中是否盡到了公司最大利益的善意進行個案認定，這完全突破了民法中侵權行為的責任認定模式，強調公司、股東與董事之間內部的「信託」或「代理」關係，結合了公司法中公司、股東利益最大化的價值理念，凸顯了注意義務乃至信義義務制度作為董事、高管的激勵、威懾制度的現代公司法使命。

本章試圖對中國董事注意義務的司法認定提出再造建議。本章第一節提出中國董事注意義務的司法認定再造的具體內容，即中國可以採用「信息」和「程序」的雙重審查模式；第二節探討雙重審查模式下善意標準的具體適用；第三節闡述雙重審查模式所應當注意與把控的司法適用要點；第四節探討中國董事注意義務司法認定改良革新可供選擇的實現路徑。

5.1 中國董事注意義務司法認定的雙重審查模式

董事注意義務司法認定的雙重審查模式即為「信息」與「程序」相結合的審查模式。「信息」是指董事們在履行決策與監督職能之時知道或者應

當知道何種事實信息，這些信息是否足以成為決策的正當理由。「程序」是指董事們在事前是否盡其所能地進行了信息獲取或者採取了充分完備的決策程序，以及是否設立並運行了公司內部的程序性控制體系。本節將對該雙重審查模式，結合董事注意義務的決策類義務和監督類義務的分類進行詳細闡述。

5.1.1 董事決策類注意義務中「信息」要件的審查

在董事決策類注意義務中，「信息」主要體現為：董事們在決策當時知道或者應當知道何種事實信息，而這些董事們所明知或應知的事實信息能否構成其作出此番決策的正當理由。這些事實信息既可以由決策當時公司所面臨的特定情勢所供給形成，也可以由決策當時公司面臨的市場狀況所供給形成，還可以由決策當時第三方諮詢機構的分析建議所供給形成。「信息」要件的審查可以導致兩個方面的司法認定結果：①被告董事們所知道或者應當知道的信息足以成為其作出此番決策的正當理由，從而表明其在決策時出於善意，進而認定其盡到了其注意義務；②被告董事們在決策時所知道或者應當知道的信息足以表明其未基於公司利益最大化的目的考慮與行事，從而表明其在決策時出於惡意，進而認定違反了其注意義務。

其一，前一種司法認定結果的原理在於，通過對董事們在決策當時所明知或應知的信息內容的考察，可以查明董事們在作出此番決策之時所倚賴的合理理由，這些正當理由在決策當時（事前）的特定情形與市場表現的限定下，足以使董事們相信該決策就是符合公司最大利益的，從而表明董事們在決策時盡到了充分審慎、勤勉盡責地考慮與注意。即便在事後該決策產生了極為不利的後果，也依然由此可以認定被告董事盡到其以公司最大利益的方式行事的善意、盡到了其應盡的合理注意與勤勉。

比如，在 Disney 案中，即便聘用 Ovitz 的決策最終給公司造成了高達 1.4 億美元的巨額損失，但是董事們在決策當時所知悉的信息（擬聘用人以往顯赫的職業生涯以及其在好萊塢所累積的優質聲譽、公司正處於急需一位才賢過人的總裁的艱難處境、擬聘用人良好積極的求職態度）足以表明，他們在做出該決策時相信該聘用決定一定會給 Disney 帶來巨大的正向收益，也即相信決策一定有利於公司最大利益，即便最終的結果不盡如人意，

董事注意義務的司法認定：美國的經驗和中國的再造

法院依然肯定了董事們的善意、認定其無責[1]。再如，在 Barkan 一案中，董事們在做出以每股 45 美元出售公司的決策之時，知悉了在長達 10 個月的時間裡沒有出現更高的出價競標者、公司業績面臨重大的週期性下滑等市場信息[2]，這些信息足以表明被告董事做出此番決策在當時的情形下是基於何種理由，從而可表明董事們並非是在粗心魯莽、漠視公司股東利益的情況下做出該決策。

其二，後一種司法認定結果的原理與前一種結果的原理相反，通過對董事們在決策當時所明知或應知的信息內容的考察，可以查明董事們在決策時明知或者應知某些信息，而該信息可以表明該決策明顯不利於公司和股東的最大利益，從而說明被告董事們在決策當時出於非善意（惡意）的狀態，以此可以認定董事們沒有基於公司利益最大化的信念和方式對決策進行充分而審慎地思考與斟酌，最終可以認定其並未盡到其應盡的合理注意。

比如，在 McPadden 一案中，法院通過董事會會議記錄查明，董事們明確知道其子公司的高管 Dubreville 有興趣收購該子公司，卻依然將子公司的出售項目任命予 Dubreville，此外，董事們應當知道 Dubreville 沒有為子公司盡職盡責地招攬潛在的收購意願者，卻依然輕率地批准了由 Dubreville 所提議的收購交易[3]。基於以上基本事實可以推定被告董事在批准子公司的出售交易時，應當知道其授權有所不妥、應當知道交易價格不夠充分，從而認定被告沒有基於公司、股東利益最大化的方式盡到其審慎考慮和合理注意的義務。再如，在 Paramount 一案中，董事會明確知道在市場上存在著比 Viacom 的要約價格高出許多的潛在收購意願者——QVC，但是，董事會卻以未來戰略部署和合併協議條款的限制為由拒絕與該潛在收購意願者進行磋商、談判，同時也並未以此為契機試圖提高 Viacom 的要約價格，最終法院認定董事會沒有盡到其最大化股東價值的義務[4]。

---

[1] See In re Walt Disney Co. Derivative Litigation, 907 A.2d 693, 767-769 (Del. Ch. 2005).

[2] See Barkan V. Amsted Industries, Inc., 567 A.2d 1279, 1287 (Del. 1989).

[3] See McPadden V. Sidhu, 964 A.2d 1262, 1271-1272 (Del. Ch. 2008).

[4] See Paramount Communications Inc. V. QVC Network Inc., 637 A.2d 34, 49-51 (Del. 1993).

5.1.2 董事監督類注意義務中「信息」要件的審查

在董事監督類注意義務下,「信息」主要體現為「紅旗警示」（red flag）信息。該「紅旗警示」信息的含義是,該信息的出現就表明公司的內部監督控制系統存在缺陷,或者公司的日常運作存在不當或者違規之處,或者公司的業務營運面臨極高的商業風險。在董事們知道或者應當知道「紅旗警示」信息之後,應當立即採取充分且有效的整改與補救措施,阻止公司中不當與違規狀況的進一步蔓延,從而避免或者減少公司損失。若董事們並不知道「紅旗警示」信息,即便公司在運行中存在著不當或者違規狀況,依然無法在此時認定被告董事負有監督義務責任。原因在於,在董事監督類注意義務的「信息」要件中,董事知道或者應當知道「紅旗警示」是責任追究的前提,亦即,該「紅旗警示」信息是董事對公司的運行盡到監督與作為義務的觸發點,若不存在「紅旗警示」或者董事不知道「紅旗警示」,則董事便沒有採取積極措施的作為義務,當然也就不可能對董事追責。

對董事監督類注意義務「信息」要件的審查同樣將導致兩種司法認定後果:①董事知道或者應當知道「紅旗警示」信息,卻未盡到其採取充分有效的挽救措施的作為義務,從而認定被告董事有意地漠視其職責,違反其注意勤勉之義務;②董事不知道「紅旗警示」信息,或者在知道或者應當知道「紅旗警示」信息的情況下採取了有效的整改與補救措施,從而應當認定其盡到了其應盡的注意與勤勉。

其一,前一種司法認定的結果的原理在於,董事知道或者應當知道了「紅旗警示」信息,就表明其知道或者應當知道公司的商業運行存在著不當與違規之處或者面臨極大的商業風險,此時的董事絕不應當對該狀況採取聽之任之、放任自由的態度,亦即,此時董事不得有意地漠視其應盡的職責與義務,而應當立即採取行動措施對公司所存在的不當與違規狀況進行有效阻止與補救。此時的漠視其職責與義務就等同於漠視、無視公司和股東的基本利益,置公司和股東的利益於不顧,從而,此時其便是一種非善意（惡意）的狀態。那麼法院在此時便可將董事認定為,其沒有基於公司股東利益最大化的信念履行其應盡的作為義務與勤勉義務。

典型的比如,在 Abbott 一案中,被告董事先後在六年時間裡接收到了來自美國食品藥品監管局（FDA）的四封違規警告信,告知其位於芝加哥

董事注意義務的司法認定：美國的經驗和中國的再造

北部的工廠設施有違反《質量體系法規》（QSR）和《現行藥品生產管理規範》（CGMP）之處，同時，《華爾街日報》也曾刊發文章指出公司的生產違規行為①。這一系列事實足以構成「紅旗警示」信息，並足以表明公司董事對公司違規的生產操作事實的明知或應知，但在「紅旗警示」之下，董事們一直沒有採取強有力的、有效的整改補救措施以使公司的生產設備所生產的產品符合基本監管要求，在此情形下，法院依據被告的「有意漠視職責」支持了原告的注意義務訴訟請求。

其二，後一種司法認定的結果的原理在於：一方面，董事不知道「紅旗警示」信息即表明董事並不知道公司的內控系統存在瑕疵，並不知道公司在日常運行中存在著不當或違規之處，從而也就不存在其作為義務的觸發點，從而無法認定董事的個人責任；另一方面，董事在知道或者應當知道「紅旗警示」信息的情況下，盡到了採取有效監管措施的作為義務，這說明董事們以實際行動表明其對公司和股東的基本利益盡到了充分的考慮與顧及，表明董事們對其應盡的義務與職責盡到了充分的注意。

比如，在 Polycom 和 Maxwell 兩個案件中，被告在知道「紅旗警示」後立刻採取行動以對此作出回應，Polycom 公司的董事會在意識到了公司所存在費用報銷體系的漏洞之後，及時展開針對費用報銷問題的內部調查②；Maxwell 公司的董事會在發現內部控制存在重大缺陷，並由此導致公司財務虛假陳述之後，其立馬進行展開內部調查，並及時對外宣布將對以往相關的財務報表進行修正重述，除此之外，公司還對大批高管和涉事員工作出辭職和解雇處理③。該兩則案例中董事們的積極行為均可以表明他們盡到了基於善意行事的勤勉與作為義務。

通常而言，在司法實踐中，案件的案情多為被告董事沒有在相關時刻採取充分有效的補救措施，以致公司遭受了來自官方機構的罰款等多個方面的經濟損失，從而原告起訴至法院，聲稱被告應當知道「紅旗警示」而不作為，要求被告董事承擔個人責任。因而，此時辨識原告所舉出的證據是否足以構成「紅旗警示」尤為重要。在美國法院的司法實踐中，通常如

---

① See In re Abbott Labs. Derivative Shareholders Litig., 325 F. 3d 795, 808-809 (7th Cir. 2003).

② See In re Polycom, Inc., 78 F. Supp. 3d 1006, 1019-1020 (N. D. Cal. 2015).

③ See In re Maxwell Techs., Inc. Derivative Litig., No. 13-CV-966-BEN RBB, 2014 WL 2212155, at *1-2 (S. D. Cal. 2014).

下幾種形式的事實證據可以構成「紅旗警示」：官方機構的調查結果顯示公司運行中存在不當或違規行為；官方機構向公司發送的違規警告、風險警告或整改要求；內部審計或者外部審計報告中所提到的有關公司運行的不當與違規行為；知名媒體對公司運行中的不當與違規行為的公開報導；以往與此類不當與違規行為有關的司法訴訟①。除此之外，「紅旗警示」信息還尤為強調相關性與特定性。相關性是指原告所舉出的「紅旗警示」事實必須是該案件中公司監督控制系統的同一缺陷、同一問題。就如在 Maxwell 一案中，原告所指出的延遲起訴協議這一證據，所涉及的是公司員工向中國官員輸送非法回扣的問題，這與本案所涉及的公司在確認收入時採取違規的特殊銷售安排，並非屬於公司內部控制系統中的同一問題、同一缺陷，因而原告所指出該事實就不能構成該案中引起董事們注意並要求他們採取行動的「紅旗警示」②。特定性要求原告所舉出的「紅旗警示」事實必須是該案的特定事實，不能依據宏觀的經濟數據或者市場行情為理由，要求被告董事採取措施以避免或者減少公司損失。比如在 Citigroup 一案中，法院認為原告所舉出房地產市場泡沫破裂、抵押物的停止贖回率陡增、同行的巨額損失甚至破產等事實信息均不足以構成「紅旗警示」，因為這些事實信息僅僅相當於反應了次級抵押貸款市場和經濟狀況惡化的公共文件的一部分，並不具有個案的針對性與特定性。該案法院認為原告必須指出特定具體的事實，來表明董事在「紅旗警示」下存在不作為行為③。

5.1.3 董事決策類注意義務中「程序」要件的審查

在董事決策類注意義務中，「程序」要件主要體現在如下兩個方面：其一，充分完備的決策程序。董事們在作出決策之前，應當對此項決策進行嚴密的論證、充分的討論，並與交易對方進行必要的溝通、協商與談判，

---

① See In re Abbott Labs. Derivative Shareholders Litig., 325 F. 3d 795, 808-809 (7th Cir. 2003); See McCall V. Scott, 239 F. 3d 808, 820-824 (6th Cir. 2001); See Westmoreland Cty. Employee Ret. Sys. V. Parkinson, 727 F. 3d 719, 728-729 (7th Cir. 2013); See Rich ex rel. Fuqi Int'l, Inc. V. Yu Kwai Chong, 66 A. 3d 963, 968 (Del. Ch. 2013).

② See In re Maxwell Techs., Inc. Derivative Litig., No. 13-CV-966-BEN RBB, 2014 WL 2212155, at *10 (S. D. Cal. 2014).

③ See In re Citigroup Inc. Shareholder Derivative Litigation, 964 A. 2d 106, 127-129 (Del. Ch. 2009).

董事注意義務的司法認定：美國的經驗和中國的再造

從而保證決策的合理性、正當性，並爭取一個對公司和股東更為有利的交易合同條款。其二，充分且必要的信息獲取程序。董事們在決策之前，應當盡其所能地、勤勉盡責地獲取與決策相關的市場信息，從而保證董事們在充分信息的基礎上，做出一個較為明智的、符合公司和股東最大利益的決策。

其一，就充分完備的決策程序而言，法院審查的焦點主要在於董事們所採用的決策程序在形式上的完備性與充分性。對董事決策程序的充分完備性進行審查的原理在於，一個充分且完備的決策程序通常可以表明董事對公司決策事務的重視與關心、對公司和股東利益的重視與關心，可以從外在的客觀方面說明董事們對其公司職能履行的盡職程度、勤勉程度、注意程度，從而表明其基於善意履行職責；而一個具有重大瑕疵與不足的決策程序，甚至董事們對於決策的討論、協商程序處於不作為狀態，則可以表明其對公司和股東的利益置於漠視與不顧的狀態，從而沒有履行到其應盡的勤勉與注意。由此，法院通常會對董事會的決策程序作出要求。

比如，Gorkom 一案的法院要求：決策討論應當準備正式書面材料，而不得僅僅依賴於口頭陳述；董事應當對書面材料進行必要審查，並使得自己完全理解材料與決策的基本內容；董事會的決策事項應當提前數天向各位參會的董事傳達，以保證董事們對決策的內容與目的提前知曉、提前準備；董事們應當對與決策相關的關鍵問題予以必要的詢問與調查，以獲得決策的信息基礎[1]。在公司控制權交易決策的情境之下，董事們還應當對公司出售或合併的交易價格進行比較分析，並對交易展開的風險與可行性進行評估。比如，董事會應當對各種交易方案不同的實際情況予以評價，包括：要約的公平性和可行性；要約所涉及的融資以及融資後果；違法性問題；無法完成併購的風險；投標人的身分、以往背景和其他商業經驗；投標人的公司經營計劃及其對股東利益的影響；等等[2]。同時，董事們還應當對如下事項予以充分考慮：併購交易開展的可能性；現有要約價格可否再提高；交易合同條款是否可變為對公司和股東更為有利；交易失敗的風險可能性大小；是否存在替代方案；是否可以拖延時間限制，以使得董事們

---

[1] See Smith V. Van Gorkom, 488 A. 2d 858, 874–878 (Del. 1985).

[2] See Mills Acquisition Co. V. Macmillan, Inc., 559 A. 2d 1261, 1282, n. 29 (Del. 1989).

可以仔細而深思熟慮地思考上述問題①。

其二，就充分且必要的信息獲取程序而言，董事們一方面可以通過市場調查或者主動向交易對方索取信息等程序實現信息的獲取，另一方面其也可以通過聘用外部諮詢顧問，通過諮詢顧問所提供的諮詢意見或評估報告實現信息的獲取。法院對信息獲取程序進行審查的原理在於，一個明智且高效的商業決策是立基於充分且可靠的市場信息之上，也即，只有在董事們具備了足夠的信息與知識的情況下，才有可能做出一個有利於公司和股東最大利益的商業決策。② 董事們在決策之時採取了相應的信息獲取程序，無論是主動進行信息獲取還是通過外部諮詢顧問的渠道進行被動的信息獲取，均可以在一定程度上表明董事們對於該決策進行了考量與斟酌，而並非是隨心所欲地、馬虎大意地做出該決策，從而法院對此程序的審查可以對董事們是否盡到了其充分審慎地作出商業決策的義務進行佐證。

比如，在 Barkan 案、Koehler 案等案件中，法院均對被告董事的信息獲取程序進行了審查，以此來佐證被告是否在作出公司出售決策時對公司和股東的最大利益盡到了充分而審慎的考慮。③ 再如，在 Lyondell 案、Smurfit-Stone 案等案件中，法院在其判決意見和判決結果中均考慮到了，被告董事在決策時所採取的外部諮詢專家的雇傭程序以及對專家諮詢建議和評估報告的採納，這些事實在一定程度上也都佐證了被告董事在決策時並非粗心魯莽、並非出於惡意。④

尤為值得注意的是，法院在對董事決策類注意義務進行「程序」要件

---

① See Paramount Communications Inc. V. QVC Network Inc., 637 A. 2d 34, 49 (Del. 1993).

② 隨著激進投資者的興起和增多，董事們在進行決策時尤其是面臨收購決策時除了應當通過充分的信息程序去尋求一個對股東充分有利的、高效的交易之外，還應當通過充分的信息獲取程序實現激進投資者短期主義行為的識別，由此來保障公司和股東的整體利益不受激進投資者的損害。參見：侯東德. 董事會對短期主義行為的治理 [J]. 中國法學，2018 (6).

③ See Barkan V. Amsted Industries, Inc., 567 A. 2d 1279, 1286-1287 (Del. 1989); See Koehler V. NetSpend Holdings Inc., No. CIV. A. 8373-VCG, 2013 WL 2181518, at * 15 (Del. Ch. 2013).

④ See Lyondell Chem. Co. V. Ryan, 970 A. 2d 235, 238-239 (Del. 2009); See In re Smurfit-Stone Container Corp. S'holder Litig., No. CIV. A. 6164-VCP, 2011 WL 2028076, at * 19 (Del. Ch. 2011).

的審查時，無論是針對決策程序還是信息獲取程序而言，一定要採用靈活化、整體化的審查與認定思維。也就是說，以上所述的決策程序和信息獲取程序中的所有程序性要求，均可以通過其他程序途徑和方式輔助和替代，也即，上述程序性要求並非固定化的、硬性的、不可變更的程序要求。當董事們沒有履行正式的決策討論程序、沒有將決策內容與目的提前告知、沒有進行市場調查，或者沒有採取外部專家顧問的信息獲取途徑等程序時，法院應當以整體主義的視角對整個案件的事實與記錄進行全面把握，應當審視董事在決策當時所面臨的特定情形、查明董事是否採取了某種具有功能替代意義的決策或信息獲取程序、考慮董事們存在瑕疵的非正式程序是否為公司和股東帶來了實際的益處，並結合董事們的職業經歷、個人素質等因素對整個案件進行全盤的綜合性考察，最終才能得出被告董事是否盡到了善意、是否盡到了其應盡的注意與勤勉的結論。比如，Koehler 一案中董事們雖未嚴格地進行市場檢驗程序，但其「公司不予出售」的商業策略同樣可達到市場探測的目的[1]；Smurfit-Stone 一案中董事雖未嚴格地進行市場拍賣程序，但其在破產保護期間的待出售狀態同樣能夠達到與市場拍賣程序相當的效果[2]。還如，在 Plains 一案中，法院認為，董事會大部分成員在石油和天然氣行業有豐富的經驗，其相關的專業知識和經驗完全可以支撐如下合理推斷：他們擁有的信息是充分的，且有能力做出一個適當的決策[3]。再如，評論者認為，雖然 Gorkom 一案中的被告董事沒有進行正式的書面的會議討論程序、沒有提前告知董事的決策內容與目的、沒有對關鍵問題予以調查與詢問，但是董事會成員作為公司的元老級人物，他們對公司都極為瞭解，都對公司有著極為深刻而豐富的經驗和知識，再加之被告在提出該筆交易之前所做的其他準備性工作與努力，均足以見得被告董事在決策時所盡到的深思熟慮與勤勉注意[4]。

---

[1] See Koehler V. NetSpend Holdings Inc., No. CIV. A. 8373 - VCG, 2013 WL 2181518, at *15 (Del. Ch. 2013).

[2] See In re Smurfit-Stone Container Corp. S'holder Litig., No. CIV. A. 6164-VCP, 2011 WL 2028076, at *18 (Del. Ch. 2011).

[3] See In re Plains Expl. & Prod. Co. Stockholder Litig., No. CIV. A. 8090-VCN, 2013 WL 1909124, at *6 (Del. Ch. 2013).

[4] See Daniel R. Fischel, The Business Judgment Rule and the Trans Union Case, 40 Business Lawyer 1437, 1445-1446 (1985).

5.1.4　董事監督類注意義務中「程序」要件的審查

在董事監督類注意義務中，「程序」要件主要體現為審查被告董事是否設立了公司內部的信息收集和報告系統以及風險內部控制系統。若設立了上述信息和內控系統，則關注焦點就轉移至董事是否在公司日常運行中將其處於有效運轉的狀態。該「程序」要件的審查與董事監督類注意義務中「信息」要件的審查形成相互輔助與功能互補，雖然在「信息」要件下，董事們不知道「紅旗警示」信息其也就不存在採取整改與補救措施的作為義務，但是，董事們在事前有義務在公司中確保一個信息收集報告系統和風險內控系統的存在，並將其有效運行，從而可以使得董事們和高管們可以順利無礙地及時獲取公司中所存在的不當違規信息和高風險信息，為董事履行監督義務創造信息條件。

董事監督類注意義務「程序」要件的審查原理在於，董事履行其監督作為義務必須以知悉公司主要的業務運行信息與風險信息為基礎，如董事們出於為公司、股東的利益考慮、著想的善意，則其應當確保公司中存在並運行著一個可以使其獲得與公司運行和風險有關的信息的內部控制系統，從而可以使得其對公司需要進行監督與整改之處盡到充分的注意，進而更好地履行其應盡的職責。若董事未能在公司中建立一個具有實質性意義的信息收集與報告的內控系統，或者未對該系統予以有效運行，則足以表明董事沒有對公司的日常事務運行盡到合理且充分的關注，從而足以認定董事未對其監督職責盡到充分的注意與勤勉。反之，若董事在事前建立了信息收集和報告的內控程序並將其處於有效運轉之中，便不能根據「程序」性要件對董事的監督類注意義務予以追責。

比如，在 Fuqi 和 Stone 兩個同類案件中，前者根據公司的會計記錄存在著常識性的、基礎性的會計錯誤，從而認定被告董事並沒有在公司內部建立一個實質意義上的內部控制系統，最終支持了原告的訴訟請求；後者則通過第三方機構的審計報告查明，在案涉事實發生之前公司已經建立了足夠的合規信息收集與報告系統，且上述部門與機構在過往的數年裡處於持續工作的狀態，法院由此駁回了原告的訴訟請求[①]。

---

① See Rich ex rel. Fuqi Int'l, Inc. V. Yu Kwai Chong, 66 A. 3d 963, 983 (Del. Ch. 2013); See Stone ex rel. AmSouth Bancorporation V. Ritter, 911 A. 2d 362, 371–372 (Del. 2006).

5.2 雙重審查模式下善意標準的適用

善意要求董事必須以公司利益最大化的方式和信念履行其董事的義務與職責。善意所強調的是董事的行為標準，同時也是董事承擔注意義務責任的責任標準。本小節將對善意標準如何在「信息」「程序」要件中適用進行具體闡述，並提醒善意標準在適用時必須與客觀標準相配套。此外，筆者提出善意的適用完全可以作為中國間接地引入商業判斷規則的一條路徑。

5.2.1 善意標準與「信息」「程序」審查的銜接

善意標準如何與「信息」「程序」要件的司法審查相銜接，以及如何處理「信息」與「程序」要件的關係，同樣與前文一樣應在決策類注意義務與監督類注意義務之下進行分類討論。

5.2.1.1 決策類注意義務下善意與「信息」「程序」審查的銜接

在董事決策類注意義務的情境下，「信息」要件與善意的關係體現在，若董事們基於決策當時的特定情形所供給形成的事實信息批准了公司決策，只要這些事實信息能夠證明公司決策的事前正當性、只要這些信息足以成為董事做出此番決策的正當理由，從而說明董事們在決策時經過了一番深思熟慮與仔細斟酌，並非輕率魯莽、敷衍塞責，那麼，此時可以認定董事盡到了為公司利益進行審慎考慮的善意；相反，如董事做出此番決策沒有正當理由，即董事所知悉的事實信息不足以表明其在決策時有過任何的斟酌與考慮，甚至其所知道或者應當知道的信息足以表明其應當知道該決策不利於公司的最大利益，則其應當被認定為惡意行事，從而應當認定其是違反注意義務的。

不過，決策類注意義務下的「程序」要件並不能直接認定董事在決策時是否出於善意，從而也不能直接依據「程序」要件的違反與否認定董事是否違反注意義務。「程序」要件必須結合「信息」要件的審查認定結果作出綜合評判。換言之，在董事決策類注意義務下，「信息」要件在董事善意與否的認定中居主導地位，而「程序」要件處於輔助性地位（詳見表5.1）。

表 5.1　決策類注意義務下善意與「信息」「程序」要件的關係

「信息」要件	「程序」要件	認定結果
滿足	違反	善意
違反	滿足	惡意
滿足	滿足	善意
違反	違反	惡意

從表 5.1 可以看出，只要董事在決策時所知道或者應當知道的信息能夠成為做出此番決策的合理正當理由，即便董事的協商談判等決策程序存在瑕疵，此時依然可以認定董事處於善意狀態。就如 Walsh 法官所述：「當董事會掌握了一個可靠的評價交易公平性的證據時，他們可以在沒有主動進行市場調查的情況下批准該筆交易。」[1] 這是因為，董事的決策義務所強調的是董事做出某決策是否存在合理且正當的理由，並通過是否存在合理且正當的理由來考察董事是否為決策盡到了充分的思考和謹慎的注意，如果董事具備做出某決策的正當理由便可以說明其對公司和股東的利益盡到了考慮與注意，並沒有對公司的利益及其自身職責採取放任自由的態度，因而，此時並不能僅僅因為程序性瑕疵就直接認定董事沒有盡到其應盡的注意。然而，當董事履行了相應的決策程序，但其在決策時知道或者應當知道的信息表明該決策有違公司和股東的最大利益（亦即在董事違反了「信息」要件、滿足了「程序」要件時），依然應當根據「信息」要件認定董事為惡意，從而違反了注意義務。原因在於，既然董事所知悉或應知的信息表明該決策不會使得公司和股東的利益達到最大值，那麼董事應該選擇繼續進行市場評估或者採納其他替代性的決策方案，而不應當執意地採取此種不符合公司和股東最大利益的決策方案。即便此時其採取了相應的甚至充分的決策程序，也依然無法彌補「信息」要件所導致的惡意行為。

值得提出的是，並不是所有的注意義務案件中都有有關「信息」的證據事實。在僅有「程序」要件證據事實的案件中，當然應當以「程序」要件的審查為依據。但是，鑒於 Gorkom 一案的歷史性啟示，此時依然應當嚴格地恪守靈活性、整體性原則。法院不得因為董事未採取某種格式化的、形式化的決策程序或者信息獲取程序（如董事會未採取正式的協商討論會

---

[1]　Barkan V. Amsted Industries, Inc., 567 A. 2d 1279, 1287 (Del. 1989).

議程序、董事會未準備書面材料而僅僅採用口頭陳述、未雇傭第三方專業諮詢機構進行信息獲取，等等），就直接地認定被告出於惡意而違反其注意義務。

5.2.1.2 監督類注意義務下善意與「信息」「程序」審查的銜接

在董事監督類注意義務下，「信息」要件與善意的關係體現在，若董事們在知道或者應當知道「紅旗警示」信息，卻未及時採取措施對公司的不當與違規行為予以阻止與糾正，或未對公司的高風險狀況採取抑制措施，則足以表明董事們有意地漠視其應盡的監督職責，置公司和股東的利益於不顧，此種不作為的行為足以基於其惡意而認定其未盡到其應盡的勤勉與注意義務；同樣，在「程序」要件下，董事們未建立公司內部的信息內部控制系統，或者未將該系統處於有效運行的狀態，此種更為嚴重的不作為行為同樣構成董事未盡到其應盡的職責與勤勉，同樣可以表明董事沒有為公司和股東的利益盡到充分的關注與思量，從而應當基於董事的惡意而認定其違反了注意義務。

然而，若董事們知道或者應當知道「紅旗警示」信息，並採取了充分有效的整改與補救措施，使得公司免受不必要的損失，這並不是善意的充分條件；同樣，董事們在公司中設立了可以使其及時獲得公司運行信息的信息收集與報告的內部控制系統，並將其處於有效運行的狀態，這可以表明董事對應盡職責的履行、對公司運行狀況的關注，但同樣並非善意的充分條件。只有在董事同時滿足了「信息」要件和「程序」要件時才能被認定為善意，從而被免責（詳見表5.2）。

表5.2 監督類注意義務下善意與「信息」「程序」要件的關係

「信息」要件	「程序」要件	認定結果
滿足	違反	惡意
違反	滿足	惡意
滿足	滿足	善意
違反	違反	惡意

也即是說，在監督類注意義務下，「信息」要件與「程序」要件並不存在主次之分，只要董事違反其中之一，便可被認定為惡意，從而要求其承擔注意義務責任。此做法的原因在於，董事監督義務所強調的是董事的作為與勤勉，「程序」要件中對董事是否設立了信息收集與報告的內部控制系

統以及其是否將其有效運轉的審查,所體現的便是董事是否盡到了其應盡的作為義務。因此,即便董事採取行動對「紅旗警示」信息作出了充分回應,滿足了「信息」要件,其依然也無法抵消「程序」要件的缺失。同樣,即便董事已經設立了相應的信息收集與報告的內部控制系統,但未對「紅旗警示」信息採取充分的補救行動,同樣表明其處於惡意狀態。因為在上述任一情形下,均可以通過程序性的客觀表現來表明董事的不作為,而此種不作為足以說明董事對公司基本利益予以漠視的主觀狀態。因此,在監督類注意義務下,董事違反「信息」或者「程序」要件之一均可以被認定為惡意,從而承擔違反注意義務的個人責任。

5.2.2 善意的適用務必兼顧客觀標準

善意這一認定要素從字面上而言,屬於一種主觀性質的認定標準。但是,對善意要素的理解應當結合其自身含義並結合抽象的認定標準做出綜合判斷。善意要求董事基於公司和股東利益最大化的方式和信念行事,該要求是從主觀角度出發對董事作出的主觀性、個體性要求。然而,公司、股東利益最大化的行為方式的判斷基準卻是,一個處於相似情形相似職位之下普通謹慎、一般理性之人所認為的最有利於公司、股東利益的行為方式,也即,對被告董事是否善意進行審查時的對照標準是一個普通謹慎、一般理性的人,而該普通謹慎、一般理性的標準則傾向於一種客觀性標準。就此而論,善意應當屬於一種主客觀相結合的綜合性認定標準。因此,善意的適用務必兼顧客觀標準,切忌將其作為一個純粹的主觀標準予以適用。

在董事決策類注意義務下,對於「信息」要件來說,法院一方面對董事在主觀上知道或者應當知道何種信息予以考察,這屬於主觀標準;但是另一方面,對於這些信息到底是說明董事做出此決策具有其正當的理由、還是說明董事做出此決策時未顧及公司股東的利益,其所採用的標準卻應當是一個普通謹慎、一般理性人的客觀性標準。對於「程序」要件來說,法院一方面對董事在客觀上所採取了何種決策與信息獲取程序予以考察,這屬於客觀標準;但是另一方面,對於董事所採取程序的正當性認定和信息獲取程度的充分性認定,卻應當顧及董事當時對決策和信息的認知狀況以及董事的個人職業經歷、個人素質以及對公司的瞭解狀況等主觀方面的因素,予以綜合考量。

在董事監督類注意義務下，就「信息」要件而言，法院一方面應當對董事在主觀上是否知道或者應當知道「紅旗警示」信息予以考察，這屬於主觀標準；但是另一方面，對於董事所知道的信息是否足以提示警醒其採取充分必要的阻止與補救措施，以及對於董事在知道或者應知「紅旗警示」之後是否採取了足以免除其注意義務責任的監督行動，法院所採用的認定比照標準卻應當是：一個相似情形之下具有一般謹慎與理性的人將會對「紅旗警示」信息做出的反應與行動，也即應採用客觀性的標準；就「程序」要件而言，法院一方面應對董事是否設立了信息收集與報告系統以及該系統的日常運行狀況進行客觀性審查，這當屬客觀標準，但是另一方面，法院的審查模式不應當固守信息收集與報告內控系統的外在形式，而應當結合案件所涉公司的具體情形、結合公司董事的管理思維與行為認知，對公司是否存在功能等值的替代性的內控監督系統，或者董事是否採用了其他方式履行了程序性監督義務予以審查。

5.2.3 將善意作為引入商業判斷規則的一種途徑

Aronson 一案對商業判斷規則作出如下解釋：「商業判斷規則假定公司董事們在做出決策時，是在充分知悉的基礎上、基於善意並且以誠實的信念相信其所採取的行為是有利於公司利益最大化的。」[①] 上述商業判斷規則的定義可以劃分為三個審查要素：充分知悉、善意、相信其所採取的行為有利於公司最大利益。善意自然而然地應當包含後兩者，因為善意的含義本就是董事必須以公司利益最大化的方式和信念行事。而對於充分知悉這一審查要素而言，由於善意與「程序」要件的審查相銜接，而「程序」要件中的「信息獲取程序」與此處的「充分知悉」相吻合（因為二者所體現的均是董事在決策時是否採取某些行為或程序，去努力地得知與決策相關的市場信息，從而使得其在充分信息的基礎上作出決策），因而，在適用善意標準時，必然會涵蓋充分知悉這一審查要素。也即，善意在司法適用中可以包含商業判斷規則中所有的審查要素。

此外，更為重要的是，善意的適用涵蓋了商業判斷規則中最為重要的理念——司法克制主義。董事注意義務司法審查中的司法克制主義，要求

---

① Aronson V. Lewis, 473 A. 2d 805, 812 (Del. 1984).

法院不得對董事的決策內容做出任何評判[1]。因為，法官並不是商業專家，其並不具備做出一個商業決策所必備的專業知識，並且法官極易受到「事後偏見」（hindsight bias）的不良影響[2]。同時，源於決策中商業風險的承擔有利於社會的發明創造與科技進步、公司股東可以通過多元化投資組合分散投資風險、董事所承擔的風險與所獲得薪酬回報不成比例等諸多正當理由[3]，使得法院對於公司董事的決策內容及其所承擔的風險保持「冷漠」的態度。由於善意標準在適用時將會結合「信息」和「程序」要件的審查，而「信息」要件的審查關涉董事在決策當時所明知或應知的信息、「程序」要件的審查關涉董事的協商談判以及信息獲取等客觀程序，其均不會對董事決策的實質內容做出任何判斷與評價。善意標準在適用時所採用的司法認定視角始終都是事前視角，也即，只要董事在事前（決策當時）合理地相信其所做出的決策是合理的、是符合公司最大利益的（當然，董事的決策理由到底是否符合公司最大利益的判斷，應當採納一般理性人的客觀標準），即便在事後發生了不利後果並造成公司損失，此時法院應當無視最終的決策後果，依然應當認定董事基於善意行事、盡到了其應盡的注意。這與商業判斷規則的司法克制理念完全吻合。

　　綜上所言，善意不僅包含了商業判斷規則所應有的基本要素，而且，善意在具體適用時所形成的司法適用理念與商業判斷規則的核心內涵不謀而合。因此，筆者認為完全可以將善意視作商業判斷規則的一個縮影，善意的司法適用可以被認為是商業判斷規則的實際運用，從而善意的司法適用不失為中國引進商業判斷規則的另一條間接型路徑。

---

[1] 就如 Branson 所述，「商業判斷規則可以被叫作一個不予審查的標準，其不對公司高管做出的商業決策的優劣利弊作出審查」。Douglas M. Branson, The Rule That Isn't A Rule – the Business Judgment Rule, 36 Valparaiso University Law Review 631, 631 (2002).

[2] See Stephen Bainbridge, The Business Judgment Rule as Abstention Doctrine, 57 Vanderbilt Law Review 83, 117-118 (2004).

[3] See David Rosenberg, Supplying the Adverb: The Future of Corporate Risk-Taking and the Business Judgment Rule, 6 Berkeley Business Law Journal 216, 221-224 (2009).

5.3 雙重審查模式的其他適用要點

5.3.1 遵循事前審查原則

事前審查原則是商業判斷規則中最重要的一項審查原則之一，該審查原則禁止法官們對董事的決策與行為進行「事後揣測」（second guessing）。其最主要的原因在於如下兩個方面：第一，董事們所採取的行為與所做出的決策均受到了信息的不完美性、資源的有限性以及不確定的未來商業風險的限制[①]，因而董事們不可能保證其所作出的任何決策與行為最終都有利於公司和股東；第二，法官在對董事的決策與行為進行判斷時，極其容易受到「事後偏見」所影響，因為人們在知道事情的結果之後其就會在某種程度上相信該結果在事前是可以預測的[②]。在公司法領域中同樣如此，「當一項損失發生時，提起訴訟的股東和對案件進行審查的法官不可能清楚地分辨出勝任工作的和存在過失的管理者，因為不利結果從事後來看，總是會被視為可預見的，從事前來看其總是可以被阻止的」[③]。就此，「對於法院而言，從事後的視角來認定公司董事是否合適地評價了風險並由此作出了正確的商業決策，這是不可能完成的」[④]。基於上述兩個原因的顧慮，法院在對董事的決策與行為進行判斷時，切忌以決策與行為的後果為導向，不能僅僅因為董事們的決策與行為導致了一個不利後果就因此而斷定董事沒有盡到應盡的勤勉與注意，而應當採用事前的視角對案件作出評價與判斷。

在董事決策類注意義務的情境之下，事前的視角就是法院所考慮的焦點在於董事在決策之時採取了何種討論協商與信息獲取的程序、在於決策

[①] See In re Citigroup Inc. Shareholder Derivative Litigation, 964 A. 2d 106, 126 (Del. Ch. 2009).

[②] Hal R. Arkes & Cindy A. Schipani, Medical Malpractice V. the Business Judgment Rule: Differences in Hindsight Bias, 73 Oregon Law Review 587, 587 (1994).

[③] Stephen M. Bainbridge, Caremark and Enterprise Risk Managemen, 34 Journal of Corporation Law 967, 988-989 (2009).

[④] In re Citigroup Inc. Shareholder Derivative Litigation, 964 A. 2d 106, 126 (Del. Ch. 2009).

當時所限定的事實情形和董事們所知悉的信息。法院應當無視該決策所形成的任何結果，且應當立足於事前當事人的角度、立足於當時所局限的情形，來考慮此決策是否處於合理的範圍之內；法院不得先入為主地將消極的決策結果等同於董事未基於公司利益最大化的方式行事的惡意，也不得根據消極結果反推出被告未盡到其善意的認定結論。法院應當通過事實證據的回溯，重現董事所採用的程序的充分與否、適當與否、完備與否，因該外在的程序性事實不會因時間的更迭而發生改變，也不會受到事後的發展結果的影響，從而可以客觀地展現董事們是否對決策進行了仔細地斟酌與考量、是否出於善意、是否盡到了其應盡的注意與勤勉。同樣，通過事實證據的展現，法院應當審視董事們在決策之時受到何種信息、何種客觀環境和特定情形所影響。這些信息和客觀事實環境的具體內容可直接體現出董事們做出此番決策是基於何種考慮、基於何種理由，從而得以查探董事們在決策時所考慮與斟酌的基點是否是出於將公司和股東的利益最大化，如此的回溯性視角才與事前審查的理念相吻合。

在董事監督類注意義務的情境之下，事前的視角同樣要求不得根據公司遭受損害這一消極事實反推出公司的董事未盡到其監督的作為義務的認定結論。法院應當將司法認定的視角回溯至發生公司損害這一事實之前，審查董事是否在公司的日常運行中設立了可有效營運的、可以使董事們及時掌握公司運行信息的內控監督系統。如果董事盡到了設立內控監督系統的職責，但最終依然因公司運行中的不當與違規行為造成公司損失，則法院不得基於該損害後果而作出如下認定：既然公司設立了可以使董事們及時掌握公司運行信息的內控監督系統，那麼董事們必然應當知道公司內部的不當與違規事實，那麼公司的損害後果必然源自公司的董事未盡到其監督職責。若法院採用此種認定邏輯，則其便陷入了「後見之明的偏見」這一怪圈之中。因為即便公司中存在有效運行著的信息收集與報告控制系統，董事也依然無法保證其可以獲知公司中的所有事實信息，董事也依然無法防止和避免公司的運行出現不當或違規行為，從而無法避免公司因此而遭受損失①。此時，在事前審查原則的指導下，法院應當聚焦於董事是否知道

---

① See Stone ex rel. AmSouth Bancorporation V. Ritter, 911 A. 2d 362, 373（Del. 2006）; See In re Caremark Intern. Inc. Derivative Litigation, 698 A. 2d 959, 970（Del. Ch. 1996）.

或者應當知道「紅旗警示」信息，以及在董事知道或應當知道「紅旗警示」信息的情況下其是否盡到了其監督職責。因為在董事盡到了設立內控監督系統這一職責義務的情況下，只有通過「紅旗警示」信息的明知或應知才能進一步觸發董事的作為義務，才能以此來說明公司受到損害與董事不作為之間的因果關係。若董事不知道「紅旗警示」，則在此時其根本就不存在作為義務，從而也就無法將公司損害的後果歸咎於董事的不作為行為。

5.3.2 恪守個案審查原則

此處的個案審查原則是指法院必須根據案件的特定事實、特定情形對被告董事的行為與決策進行綜合化的評價與判斷，不得對被告董事苛以某種格式化的、固定化的、形式化的、統一化的決策程序與行為要求。個案審查的理論緣由在於如下兩點：第一，案件事實的特殊性與多樣性。法院所面對的每個案件都具有其不可複製性，每個案件中的事實情形與客觀條件均有其特殊性，尤其在公司董事注意義務的領域中，公司董事的決策與行為尤其受到複雜的商業環境和瞬息萬變的市場行情所影響，公司董事所採取的每一項行為措施、所做出的每一個商業決策均限定於當時特定的現實環境之下，董事的所思、所想、所為均是該特定的客觀情形下的產物，因此法院不可能對董事苛以劃一的行為與決策模式。第二，足以說明董事盡到善意或惡意的證據事實，同樣也具有特殊性與多樣性。在注意義務案件的實踐運作中，並非只有某種格式化、固定化的行為與決策模式才能表明董事在決策與行為當時盡到了深思熟慮、盡到了善意、盡到了注意與勤勉。諸多案件中董事們所採取的功能等值的替代性程序、董事們所考慮的特定事實情形，同樣可以表明董事們盡到了其應盡的注意。亦即，以整體主義的視角對案件進行個體化的審查，同樣可以發現諸多表明董事在決策與行為時出於善意的事實證據與客觀記錄。

個案審查原則在董事決策類注意義務中，就「信息」要件而言，主要要求法院對董事所知悉的特定事實信息予以審查，對董事決策時所給定的特定具體的外在客觀事實環境予以考慮；就「程序」要件而言，主要要求法院對程序進行靈活化的整體審視，不得簡單粗暴地因被告董事未採取某種具體的決策程序而判定其違反注意義務，而應當審視董事在決策時是否

具有某些功能等值的替代性程序措施、是否採取了其他非正式的討論協商談判程序、這些非正式的協商談判程序是否為公司和股東爭取了更優質的交易條款,等等。此外,法院還應當結合董事的職業經歷、個人知識以及董事對公司的瞭解熟悉程度等因素做出綜合判斷。

個案審查原則在董事監督類注意義務中,就「信息」要件而言,主要要求法院對「紅旗警示」的適格性進行嚴格把握,「紅旗警示」必須要求具有附屬於案件的特定性與相關性。即是說,與案件中的董事不當行為不具有密切相關性的事實證據,或者並非屬於案件的特定具體化的事實證據(諸如一般性的市場風險信息)均不得被視作一個合格的「紅旗警示」。就程序要件而言,法院應當對案件所涉公司是否設立了信息控制系統進行靈活化審查,也即並不要求公司必須建立諸如審計委員會、風控合規部等具體的機構部門,只要在公司中存在能夠履行信息收集與報告職能、內部風險控制職能的部門機構既可。同樣,反向逆推,並不是說董事們在公司內部設立了相關的部門、機構或系統便足以免除注意義務責任,法院還應當通過其他事實佐證這些內部系統是否實際地具有信息收集與風險控制的實質性意義,以及其是否處於實際的運行狀態。

5.3.3 原告方承擔舉證責任

在對注意義務案件進行「信息」和「程序」的雙重審查時,原告應當對被告董事的不當行為達到了違反注意義務的程度,從而被告應當承擔對注意義務責任的主張進行舉證證明。對於上述主張,原告的舉證責任應當證明到何種程度,分述如下:

在董事決策類注意義務下,就「信息」要件而言,原告需要證明被告董事知道或者應當知道某些信息,而這些信息的明知或應知足以表明董事們應當意識到了該決策不會有利於公司和股東的最大利益。原告可以通過董事會會議記錄和決議記錄[①]、送達董事會處的第三方諮詢機構的諮詢意見

[①] 比如,McPadden 一案的原告就通過董事會的會議記錄證明到,董事們應當知道其子公司的高管 Dubreville 有興趣收購該子公司,卻依然將子公司的出售項目任命予 Dubreville。See McPadden V. Sidhu, 964 A.2d 1262, 1271-1272 (Del. Ch. 2008).

董事注意義務的司法認定：美國的經驗和中國的再造

和評估報告①、公司以往或者當下所面臨的潛在收購要約②，來證明被告對不利於公司和股東最大利益的信息的明知或應知。就「程序」要件而言，原告需要證明被告董事的協商討論程序或者信息獲取程序存在重大瑕疵，並且根據案件的其他事實予以綜合考慮的情況下，也無法抵消決策重大瑕疵的責難性，或者證明到被告董事根本沒有採取任何具有實質意義的協商討論或者信息獲取程序，且董事們也沒有採取任何與上述程序功能等值的具有替代意義的其他行為程序。

在董事監督類注意義務下，對於「信息」要件而言，原告需要證明到如下兩個要點：第一，被告董事對「紅旗警示」信息的明知或應知；第二，被告在明知或應知「紅旗警示」的情況下未及時採取有效的監督措施。值得注意的是，美國法院通常對如下證明予以否定：原告通過被告董事在違規財務報表中簽字蓋章的證據，來證明被告對財務報表違規性的明知或應知。然而，由於中國公司的財務作假不少，再加之中國的財務報表以及董事會決議均要求簽字蓋章人員對材料的真實性、可靠性負責，因此，中國法院應當對原告依據簽字蓋章來證明被告董事對財務報表的違規性明知或應知的舉證行為予以肯定。對於「程序」要件而言，原告同樣需要證明如下兩點：被告董事徹底地未建立任何信息收集與報告的內部控制系統、若被告董事建立了內控系統則需證明其未對該系統予以有效運轉。通常而言，原告很難證明到上述第一點，因為當今市場環境下的公司尤其是大型公司

---

① 比如，McPadden 一案的原告就通過第三方機構的諮詢意見，證明到董事們應當知道 Dubreville 沒有為子公司盡職盡責地招攬潛在的收購意願者，因為該諮詢意見表明 Dubreville 沒有與 TSC 的直接競爭對手接洽談判。同樣，在 Alidina 一案中，原告通過第三方諮詢機構的如下諮詢意見證明到被告應當意識到了決策的不當性：普華永道警告其應對交易進行密切審查，德勤在以前對該筆交易的估價為 5000 萬美元，這遠高於最終的 2250 萬美元。See McPadden V. Sidhu, 964 A. 2d 1262, 1271-1272 (Del. Ch. 2008); See Alidina V. Internet. com Corp., No. CIV. A. 17235-NC, 2002 WL 31584292, at *8 (Del. Ch. 2002).

② 比如，Paramount 一案的原告就通過當時還存在另一位出價更高的要約者——QVC，從而證明到被告董事會應當知道其與 Viacom 的合併交易價格具有不充分性。同樣，在 Alidina 一案中，原告通過證明董事會在此前拒絕過類似條件的要約，從而證明到被告董事應當意識到了該要約未符合股東的最大利益。See Paramount Communications Inc. V. QVC Network Inc., 637 A. 2d 34, 49-51 (Del. 1993); See Alidina V. Internet. com Corp., No. CIV. A. 17235-NC, 2002 WL 31584292, at *8 (Del. Ch. 2002).

通常具有較為齊備的體系架構和部門設置,但是,原告完全可以試圖對第二點作出證明,即可以證明被告董事沒有對內部控制系統予以有效運行[①]。

5.4 中國董事注意義務認定模式再造的實現路徑

5.4.1 法律對決策與監督的注意義務類型進行成文規定

基於前文的分析,董事的注意義務可分為董事的決策類義務與監督類義務。由於注意義務下決策類與監督類的類型劃分,可直接地表明董事注意義務的內涵與外延,也即,通過注意義務的類型劃分及其具體義務類型,便可知曉注意義務的定義、注意義務的具體內容、注意義務對董事所做出的行為要求、注意義務的外在邊界止於何處。而法律淵源屬於第二效力層級的法律,也應當對法律概念與法律義務作出概括式的歸納與總結,以對其下級的行政法規和司法解釋作出方向性指導。因此,本書建議以法律(即《公司法》)的形式對注意義務的定義及其具體行為類型進行明確規定。

筆者認為,《公司法》可以以一般條款和具體條款相結合的形式體現董事的注意義務規定。在一般條款之中,法律應當對董事注意義務作出一般性規定,比如,「董事對公司負有注意義務。董事不得違反法律、行政法規和公司章程,應當以符合公司利益最大化的方式,謹慎、勤勉地履行決策與監督職能」。在具體條款中,《公司法》應當明確地體現董事注意義務的義務類型,比如,「董事應當在充分信息的基礎上審慎地作出選任公司高級管理人員、批准重大交易和收購或出售重大資產等公司決策。董事應當監督公司的日常運行狀況,評估和監督公司的管理風險,瞭解公司的財務狀況並監督信息披露的充分性與合規性」。

5.4.2 司法解釋對「信息」和「程序」的審查作出解釋

由於「信息」和「程序」的審查模式中的具體內容,主要針對法院在

[①] 比如,Fuqi 一案的原告就通過證明公司存在一些常識性的、基礎性的會計錯誤,表明公司的內部監督控制系統並沒有處於實際意義上的運行狀態。See Rich ex rel. Fuqi Int'l, Inc. V. Yu Kwai Chong, 66 A. 3d 963, 983 (Del. Ch. 2013).

董事注意義務案件中的關注焦點，引導法院在董事注意義務案件中應當通過哪些事實、證據與情形認定董事盡到了其注意義務抑或違反了其注意義務，指導法院通過何種要件、何種路徑追究董事違反注意義務下的個人責任。而司法解釋是司法機關對法律所作出的法律適用型的補充性解釋，其目的便在於指導下級司法機關對相關案件的審判操作，以使得法院對於同類型案件採用相同的審判標準。因此，本書建議以司法解釋的形式對注意義務案件中「信息」和「程序」的審查模式作出成文解釋。

由於董事決策類注意義務與監督類注意義務在「信息」和「程序」的審查中具有較大差異，因而司法解釋應當對二者予以區分。在決策類注意義務中，「信息」要求司法解釋引導法院對董事在決策時所知悉的信息予以關注，並根據信息內容審查認定董事在決策時是否盡到了基於公司和股東最大利益的充分而審慎的考慮與注意。「程序」要件要求引導法院對董事所採取的協商、談判、討論程序予以關注。同時，根據前文所述，董事決策類注意義務的「程序」要件中必須採用整體化、靈活性的視角，故而司法解釋也應當明確提出此審查要求。在監督類注意義務中，「信息」要件要求司法解釋引導法院關注如下兩點：董事是否知道或者應當知道「紅旗警示」信息、董事知道或者應當知道「紅旗警示」信息後是否採取了有效的監督舉措。「程序」要件要求司法解釋引導法院對董事在事前是否設立了信息收集與報告的內部控制系統，以及董事在公司日常經營過程中是否有效地運轉了該系統予以關注。

5.4.3 案例指導制度體現善意的判斷標準

善意是董事是否違反其注意義務的審查與判斷標準。善意在注意義務案件中所扮演的角色是為原告的舉證程度樹立一個標杆，只有原告舉證證明到被告董事在履行其監督與決策職能時沒有基於公司利益最大化的信念和方式行事，即被告在履行其職責時出於非善意（惡意）時，才能追究被告董事的注意義務責任，反之，若原告所舉出的證據不能證明到此種程度，則其應當承擔舉證不能即敗訴的法律後果。由於認定被告董事是否未盡到基於公司和股東的最大利益予以考慮的善意，通常需要根據案件的特定事實進行個案審查，所以本書建議以指導性案例或者公報案例的形式體現善意的判斷標準。

案例指導制度應當體現通常情況下被告達到非善意（惡意）的證明標

準。一般而言，在決策類注意義務中，董事知道或者應當知道的信息足以說明董事已經意識到了該決策不利於公司利益的最大化，或者，董事並未採取任何具有實際意義的協商談判程序或信息獲取程序，且案件中又不存在任何具有功能替代意義的程序性事實，則此時應當認定被告沒有盡到為公司利益最大化予以審慎考慮的善意；在監督類注意義務中，董事知道或者應當知道「紅旗警示」信息而並未採取任何有效的補救或整改措施，或者，董事並未建立任何的信息收集與報告的內部控制系統，或者建立了該系統但沒有將其處於有效運轉之中，則此時應當認定被告沒有盡到以公司股東利益最大化的方式予以監督的善意。同時，指導性案例或者公報案例應當通過善意這一渠道，體現法院所應當遵循的事前審查原則、個案審查原則以及舉證責任的分配等司法認定要點。

6　結語

　　在現代公司法理念下，董事注意義務的制度初衷已從最初的利益填補機制，轉向為董事行為的激勵機制。注意義務激勵著董事在履職過程中為公司、股東謀取最大利益，並為利益相關者甚至整個社會提供正向積極的外部性效應。因此，董事注意義務的司法認定模式和責任認定標準便應當從傳統的過失侵權中分離出來，摒棄合規性、越權性的司法裁判思維，使注意義務能夠為公司組織的生產與效率價值服務。美國的判例法經驗為中國董事注意義務司法認定的再造提供了一條路徑。一方面，「信息」與「程序」的雙重審查焦點為我們展現了整體化、靈活化的裁判思維與追責路徑，為中國變更現有的以違規、越權為前提的侵權責任認定路徑提供制度方案；另一方面，「善意」的責任認定標準與現代公司背景下組織的生產效率理念相契合，其以公司、股東的利益最大化作為董事行為的指引方向與激勵目標，善意標準的適用可成為中國變更注意義務乃至整個信義義務矯正正義理念的制度先行者。就此而言，「信息」和「程序」的雙重審查與善意標準的結合，可以從制度理念和實踐運作兩個層面實現注意義務的革新與再造。更為可貴的是，「信息」「程序」要件並結合善意標準的雙重審查模式涵蓋了商業判斷規則的所有司法審查要素與司法適用理念，故而該審查模式的適用可以被視為引入商業判斷規則的一條間接型路徑。

參考文獻

一、英文類

[1] Brandon Mordue, The Revlon Divergence: Evolution of Judicial Review of Merger Litigation, 12 Virginia Law & Business Review 531 (2018).

[2] Julian Velasco, The Diminishing Duty of Loyalty, 75 Washington and Lee Law Review 1035 (2018).

[3] Bernard S. Sharfman, The Importance of the Business Judgment Rule, 14 NYU Journal of Law & Business 27 (2017).

[4] Julian Velasco, A Defense of the Corporate Law Duty of Care, 40 Journal of Corporation Law 647 (2015).

[5] Joseph K Leahy, A Decade After Disney: A Primer on Good and Bad Faith, 83 University of Cincinnati Law Review 859 (2015).

[6] Christopher A. Yeager, At Least Somewhat Exaggerated: How Reports of the Death of Delaware's Duty of Care Don't Tell the Whole Story, 103 Georgetown Law Journal 1387 (2015).

[7] Nicholas D. Mozal, Why the Delaware Courts Express Two, and Only Two, Fiduciary Duties: a Response to How Many Fiduciary Duties are There in Corporate Law?, 87 Southern California Law Review Postscript 156 (2014).

[8] Christopher M. Bruner, Is the Corporate Director's Duty of Care a「Fiduciary」Duty? Does it Matter?, 48 Wake Forest Law Review 1027 (2013).

[9] Edwin W. Hecker, Jr., Fiduciary Duties in Business Entities Revisited, 61 University of Kansas Law Review 923 (2013).

[10] Claire A. Hill & Brett H. McDonnell, Reconsidering Board Oversight Duties After the Financial Crisis, 2013 University of Illinois Law Review 859 (2013).

［11］ Lyman Johnson, Unsettledness in Delaware Corporate Law: Business Judgment Rule, Corporate Purpose, 38 Delaware Journal of Corporate Law 405 (2013).

［12］ Christopher M. Bruner, Good Faith in Revlon-Land, 55 New York Law School Law Review 581 (2011).

［13］ Larry E. Ribstein, Fencing Fiduciary Duties, 91 Boston University Law Review 899 (2011).

［14］ Robert B. Thompson, The Short, But Interesting Life of Good Faith as an Independent Liability Rule, 55 New York Law School Law Review 543 (2011).

［15］ Renee M. Jones, The Role of Good Faith in Delaware: How Open Ended Standards Help Delaware Preserve its Edge, 55 New York Law School Law Review 499 (2011).

［16］ Peter C. Kostant, Meaningful Good Faith: Managerial Motives And The Duty To Obey The Law, 55 New York Law School Law Review 421 (2011).

［17］ Leo E. Strine, Jr, Loyalty's Core Demand: The Defining Role of Good Faith in Corporation Law, 98 Georgetown Law Journal 629 (2010).

［18］ Julian Velasco, How Many Fiduciary Duties are There in Corporate Law?, 83 Southern California Law Review 1231 (2010).

［19］ Andrew C. W. Lund, Opting Out of Good Faith, 37 Florida State University Law Review 393 (2010).

［20］ Stephen M. Bainbridge, Caremark and Enterprise Risk Management, 34 Journal of Corporation Law 967 (2009).

［21］ Clark W. Furlow, Good Faith, Fiduciary Duties, and the Business Judgment Rule in Delaware, 2009 Utah Law Review 1061 (2009).

［22］ Andrew S. Gold, The New Concept of Loyalty in Corporate Law, 43 U. C. Davis Law Review 457 (2009).

［23］ David Rosenberg, Supplying the Adverb: The Future of Corporate Risk-Taking and the Business Judgment Rule, 6 Berkeley Business Law Journal 216 (2009).

［24］ Andrew D. Appleby, Three's Company Stone V. Ritter And The Improper Characterization Of Good Faith In The Fiduciary Duty「Triad」, 62

Arkansas Law Review 431 (2009).

[25] Mark J. Loewenstein, The Diverging Meaning of Good Faith, 34 Delaware Journal of Corporate Law 433 (2009).

[26] Stephen M. Bainbridge, The Convergence of Good Faith and Oversight, 55 UCLA Law Review 559 (2008).

[27] Peter D. Bordonaro, Good Faith: Set in Stone? 82 Tulane Law Review 1119 (2008).

[28] Elizabeth A. Nowicki, Director Inattention and Director Protection Under Delaware General Corporation Law Section 102 (b) (7): A Proposal for Legislative Reform, 33 Delaware Journal of Corporate Law 695 (2008).

[29] Hillary A. Sale, Monitoring Caremark's Good Faith, 32 Delaware Journal of Corporate Law 719 (2007).

[30] Carter G. Bishop, Directorial Abdication and the Taxonomic Role of Good Faith in Delaware Corporate Law, 2007 Michigan State Law Review 905 (2007).

[31] Elizabeth A. Nowicki, Not in Good Faith, 60 SMU Law Review 441 (2007).

[32] Elizabeth A. Nowicki, A Director's Good Faith, 55 Buffalo Law Review 457 (2007).

[33] Claire A. Hill & Brett H. McDonnell, Disney, Good Faith, and Structural Bias, 32 Journal of Corporation Law 833 (2007).

[34] Claire A. Hill & Brett H. McDonnell, Stone V. Ritter and the Expanding Duty of Loyalty, 76 Fordham Law Review 1769 (2007).

[35] Andrew S. Gold, A Decision Theory Approach to the Business Judgment Rule: Reflections on Disney, Good Faith, and Judicial Uncertainty, 66 Maryland Law Review 398 (2007).

[36] Stephen J. Lubben & Alana Darnell, Delaware's Duty of Care, 31 Delaware Journal of Corporate Law 589 (2006).

[37] Melvin A. Eisenberg, The Duty of Good Faith in Corporate Law, 31 Delaware Journal of Corporate Law 1 (2006).

[38] Christopher M. Bruner, Good Faith, State of Mind, and the Outer Boundaries of Director Liability in Corporate Law, 41 Wake Forest Law Review

1131 (2006).

[39] Carter G. Bishop, A Good Faith Revival of Duty of Care Liability in Business Organization Law, 41 Tulsa Law Review 477 (2006).

[40] Sean J. Griffith, Good Faith Business Judgment: a Theory of Rhetoric in Corporate Law Jurisprudence, 55 Duke Law Journal 1 (2005).

[41] Hillary A. Sale, Delaware's Good Faith, 89 Cornell Law Review 456 (2004).

[42] David Rosenberg, Making Sense of Good Faith in Delaware Corporate Fiduciary Law: A Contractarian Approach, 29 Delaware Journal of Corporate Law 491 (2004).

[43] Stephen Bainbridge, The Business Judgment Rule as Abstention Doctrine, 57 Vanderbilt Law Review 83 (2004).

[44] E. Norman Veasey, Corporate Governance and Ethics in the Post-Enron Worldcom Environment, 38 Wake Forest Law Review 839 (2003).

[45] E. Norman Veasey, State–Federal Tension in Corporate Governance and the Professional Responsibilities of Advisors, 28 Journal of Corporation Law 441 (2003).

[46] Douglas M. Branson, The Rule That Isn't A Rule – the Business Judgment Rule, 36 Valparaiso University Law Review 631 (2002).

[47] Lyman Johnson, Rethinking Judicial Review of Director Care, 24 Delaware Journal of Corporate Law 787 (1999).

[48] Hal R. Arkes & Cindy A. Schipani, Medical Malpractice V. the Business Judgment Rule: Differences in Hindsight Bias, 73 Oregon Law Review 587 (1994).

[49] Jonathan R. Macey & Geoffrey P. Miller, Trans Union Reconsidered, 98 Yale Law Journal 127 (1988).

[50] Daniel R. Fischel, The Business Judgment Rule and the Trans Union Case, 40 Business Lawyer 1437 (1985).

[51] Bayless Manning, Reflections and Practical Tips on Life in the Boardroom After Van Gorkom, 41 Business Lawyer 1 (1985).

[52] Palmer V. Reali, No. CV 15-994-SLR, 2016 WL 5662008 (D. Del. 2016).

[53] In re Polycom, Inc., 78 F. Supp. 3d 1006 (N. D. Cal. 2015).

[54] In re Yahoo! Inc. S'holder Derivative Litig., 153 F. Supp. 3d 1107 (N. D. Cal. 2015).

[55] In re Maxwell Techs., Inc. Derivative Litig., No. 13-CV-966-BEN RBB, 2014 WL 2212155 (S. D. Cal. 2014).

[56] Rich ex rel. Fuqi Int'l, Inc. V. Yu Kwai Chong, 66 A. 3d 963 (Del. Ch. 2013).

[57] Westmoreland Cty. Employee Ret. Sys. V. Parkinson, 727 F. 3d 719 (7th Cir. 2013).

[58] In re Plains Expl. & Prod. Co. Stockholder Litig., No. CIV. A. 8090-VCN, 2013 WL 1909124 (Del. Ch. 2013).

[59] Koehler V. NetSpend Holdings Inc., No. CIV. A. 8373-VCG, 2013 WL 2181518 (Del. Ch. 2013).

[60] In re Smurfit-Stone Container Corp. S'holder Litig., No. CIV. A. 6164-VCP, 2011 WL 2028076 (Del. Ch. 2011).

[61] In re Goldman Sachs Group, Inc. Shareholder Litigation., No. 5215-VCG, 2011 WL 4826104 (Del. Ch. 2011).

[62] F. D. I. C. ex rel. Wheatland Bank V. Spangler, 836 F. Supp. 2d 778 (N. D. Ill. 2011).

[63] In re Accuray, Inc. S'holder Derivative Litig., 757 F. Supp. 2d 919 (N. D. Cal. 2010).

[64] In re Citigroup Inc. Shareholder Derivative Litigation, 964 A. 2d 106 (Del. Ch. 2009).

[65] Lyondell Chem. Co. V. Ryan, 970 A. 2d 235 (Del. 2009).

[66] McPadden V. Sidhu, 964 A. 2d 1262 (Del. Ch. 2008).

[67] Wood V. Baum, 953 A. 2d 136 (Del. 2008).

[68] Stone ex rel. AmSouth Bancorporation V. Ritter, 911 A. 2d 362 (Del. 2006).

[69] In re Walt Disney Co. Derivative Litigation, 906 A. 2d 27 (Del. 2006).

[70] In re Walt Disney Co. Derivative Litigation, 907 A. 2d 693 (Del. Ch. 2005).

［71］ Benihana of Tokyo, Inc. V. Benihana, Inc., 891 A. 2d 150 (Del. 2005).

［72］ In re Abbott Labs. Derivative Shareholders Litig., 325 F. 3d 795 (7th Cir. 2003).

［73］ Guttman V. Huang, 823 A. 2d 492 (Del. 2003).

［74］ Alidina V. Internet. com Corp., No. CIV. A. 17235-NC, 2002 WL 31584292 (Del. Ch. 2002).

［75］ McCall V. Scott, 239 F. 3d 808 (6th Cir. 2001).

［76］ Brehm V. Eisner, 746 A. 2d 244 (Del. 2000).

［77］ In re Caremark Intern. Inc. Derivative Litigation, 698 A. 2d 959 (Del. Ch. 1996).

［78］ Cinerama, Inc. V. Technicolor, Inc., 663 A. 2d 1156 (Del. 1995).

［79］ Cede & Co. V. Technicolor, Inc., 634 A. 2d 345 (Del. 1993).

［80］ Paramount Communications Inc. V. QVC Network Inc., 637 A. 2d 34 (Del. 1993).

［81］ Tomczak V. Morton Thiokol, Inc., No. 7861, 1990 WL 42607 (Del. Ch. 1990).

［82］ Barkan V. Amsted Indus., Inc., 567 A. 2d 1279 (Del. 1989).

［83］ Mills Acquisition Co. V. Macmillan, Inc., 559 A. 2d 1261 (Del. 1989).

［84］ Revlon, Inc. V. MacAndrews & Forbes Holdings, Inc., 506 A. 2d 173 (Del. 1986).

［85］ Smith V. Van Gorkom, 488 A. 2d 858 (Del. 1985).

［86］ Aronson V. Lewis, 473 A. 2d 805 (Del. 1984).

［87］ Revised Model Business Corporation Act.

［88］ Principles of Corporate Governance: Analysis and Recommendations.

［89］ The Corporate Laws Committee, ABA Section of Business Law, Corporate Director's Guidebook-Sixth Edition, 66 Business Lawyer 975 (2011).

二、中文類

［1］弗蘭克·伊斯特布魯克，丹尼爾·費希爾. 公司法的經濟結構［M］. 羅培新，張建偉，譯. 北京：北京大學出版社，2014.

［2］鄭燦亨. 韓國公司法［M］. 崔文玉, 譯. 上海：上海大學出版社, 2011.

［3］格茨·懷克, 克里斯蒂娜·溫德比西勒. 德國公司法［M］. 殷盛, 譯. 北京：法律出版社, 2010.

［4］卡爾·拉倫茨. 法學方法論［M］. 陳愛娥, 譯. 北京：商務印書館, 2003.

［5］K. 茨威格特, H. 克茨. 比較法總論［M］. 潘漢典, 等譯. 北京：法律出版社, 2003.

［6］王軍. 中國公司法［M］. 北京：高等教育出版社, 2015.

［7］範健, 王建文. 公司法［M］. 北京：法律出版社, 2015.

［8］施天濤. 公司法論［M］. 北京：法律出版社, 2014.

［9］張維迎. 理解公司：產權、激勵與治理［M］. 上海：世紀出版集團, 上海人民出版社, 2014.

［10］甘培忠. 企業與公司法學［M］. 北京：北京大學出版社, 2014.

［11］朱慈蘊. 公司法原論［M］. 北京：清華大學出版社, 2011.

［12］鄧峰. 普通公司法［M］. 北京：中國人民大學出版社, 2009.

［13］王豔梅, 祝雅檸. 論董事違反信義義務賠償責任範圍的界定［J］. 北方法學, 2019（2）.

［14］侯東德. 董事會對短期主義行為的治理［J］. 中國法學, 2018（6）.

［15］葉金強. 董事違反勤勉義務判斷標準的具體化［J］. 比較法研究, 2018（6）.

［16］鄭佳寧. 目標公司董事信義義務客觀標準之構建［J］. 東方法學, 2017（4）.

［17］許可. 股東會與董事會分權制度研究［J］. 中國法學, 2017（2）.

［18］梁爽. 董事信義義務結構重組及對中國模式的反思［J］. 中外法學, 2016（1）.

［19］林少偉. 董事異質化對傳統董事義務規則的衝擊及其法律應對［J］. 中外法學, 2015（3）.

［20］樊雲慧. 公司高管義務與董事義務一致嗎？［J］. 環球法律評論, 2014（1）.

［21］周天舒. 論董事勤勉義務的判斷標準——基於浙江省兩個案例的

考察［J］．法學雜誌，2014（10）．

［22］朱慈蘊，林凱．公司治理趨同理論檢視下的中國公司治理評析［J］．法學研究，2013（5）．

［23］馬一德．公司治理與董事勤勉義務的聯結機制［J］．法學評論，2013（6）．

［24］張紅，石一峰．上市公司董事勤勉義務的司法裁判標準［J］．東方法學，2013（1）．

［25］趙駿．董事勤勉義務研究：從域外理論到中國實踐——以行為法經濟學為視角［J］．浙江學刊，2013（2）．

［26］周林彬，官欣榮．《公司法》第148條第1款「勤勉義務」規定的司法裁判標準探析［M］//商事法論集：第21卷．北京：法律出版社，2012．

［27］朱羿錕．論董事問責標準的三元化［M］//商事法論集：第21卷．北京：法律出版社，2012．

［28］李安安．金融創新與董事信義義務的重塑［J］．證券法苑，2012（7）．

［29］樓建波，等．公司法中董事、監事、高管人員信義義務的法律適用研究［M］//商事法論集：第21卷．北京：法律出版社，2012．

［30］王建文，許飛劍．公司高管勤勉義務判斷標準的構造：外國經驗與中國方案［J］．南京社會科學，2012（9）．

［31］王軍．公司經營者忠實和勤勉義務訴訟研究［J］．北方法學，2011（4）．

［32］陳本寒，艾圍利．董事注意義務與董事過失研究［J］．清華法學，2011（2）．

［33］傅穹，曹理．獨立董事勤勉義務邊界與免責路徑［J］．社會科學，2011（12）．

［34］朱羿錕．董事會結構性偏見的心理學機理及問責路徑［J］．法學研究，2010（3）．

［35］羅培新，等．中國公司高管勤勉義務之司法裁量的實證分析［J］．證券法苑，2010年第3卷。

［36］甘培忠，雷馳．對金融創新的信義義務法律規制［J］．法學，2009（10）．

［37］朱羿錕. 論董事問責的誠信路徑［J］. 中國法學，2008（3）.

［38］任自力. 公司董事的勤勉義務標準研究［J］. 中國法學，2008（6）.

［39］任自力. 美國公司董事誠信義務研究［J］. 比較法研究，2007（2）.

［40］特拉華州普通公司法［M］. 徐文彬，等譯. 北京：中國法制出版社，2010.

［41］英國2006年公司法［M］. 葛偉軍，譯. 北京：法律出版社，2008.

［42］日本公司法典［M］. 吳建斌，等譯. 北京：中國法制出版社，2006.

［43］日本民法典［M］. 王書江，譯. 北京：中國法制出版社，2000.

附　　錄

中國證監會行政處罰決定書概要（財務信息披露違規案件）

行政處罰決定書名稱	行政處罰決定書文號	當事人身分	違法事實	責任認定依據	責任認定標準
丹化股份	〔2010〕1號	董事、高管	虛增銀行存款、貨幣資金，未及時披露關聯交易	1999年《證券法》第六十二條、第六十七條、第一百七十七條、第一百九十三條	從行政處罰決定書中無法查明責任認定標準
威達股份	〔2010〕6號	董事、獨立董事、高管	未計提減值準備，未計提應付借款利息以及會計處理錯誤致使虛增利潤	《證券法》第六十三條、第一百九十三條	根據年度報告董事會決議的簽字情況，以及當事人的職務、履行董事職責等情況認定責任
湖北邁亞葉金堂	〔2010〕7號	董事和獨立董事	年報中少披露貸款餘額數億元	《證券法》第六十三條、第六十六條、第一百九十三條	依據當事人在公司中的職務，直接認定責任大小
聚友網絡	〔2010〕8號	董事、獨立董事	虛構業務收入，未披露關聯方債權債務往來、對外擔保等事項	1999年《證券法》第五十九條、六十條、六十一條、六十二條	完全根據董事會決議的簽字狀況予以認定
南京中北	〔2010〕10號	董事	減少披露銀行借款，未披露應付票據，且未披露關聯方擔保	1999年《證券法》第六十一條、第一百七十七條第一款	依據當事人在公司中的職務，並結合財務報表的簽字狀況認定責任
科苑集團	〔2010〕15號	董事	虛增在建工程、固定資產、其他應收款，且未披露對外擔保、銀行借款等事項	1999年《證券法》第五十九條、第六十條、第六十一條、第六十二條	根據相應董事會決議及擔保合同、權利質押合同的簽字狀況認定責任

（續表）

行政處罰決定書名稱	行政處罰決定書文號	當事人身分	違法事實	責任認定依據	責任認定標準
兩面針	〔2010〕21號	董事	通過虛構銷售、少計廣告費等手段虛增收入利潤	1999年《證券法》第五十九條、第六十三條、第一百七十七條、第一百九十三條	根據是否參加了相關會議，來推定當事人是否知情，從而對其認定責任
遠東股份	〔2010〕33號	董事、獨立董事、監事	通過子公司虛增營業收入來虛增利潤，且未披露短期投資等事項	《證券法》第六十三條、第六十六條、第一百九十三條	根據財務報表的簽字狀況，並結合公司職務認定責任
華夏建通	〔2010〕46號	董事、監事、高管	提前確認收入，資產置換不實致使虛假記載，子公司虛增收入利潤致使母公司虛假記載，且未披露關聯交易等事項	1999年《證券法》第六十一條、第六十二條和《證券法》第六十五條、第六十六條	依據當事人在公司中的職務，直接認定責任大小
銀河科技	〔2011〕19號	董事、獨立董事、高管	製作虛假單據，虛構營業收入、成本、利潤	1999年《證券法》第一百七十七條、《證券法》第一百九十三條	主要根據當事人的簽字狀況確認責任的有無，並結合當事人對違法行為的實施角色確定責任大小
湖北多佳股份有限公司	〔2011〕21號	董事	虛構收入、虛增利潤	1999年《證券法》第五十九條、第六十一條	根據公司定期報告的簽字狀況，並結合當事人的公司職務認定責任
ST方源	〔2011〕36號	董事、高管	虛增銀行存款，未按規定披露擔保、涉訴、關聯交易等事項	《證券法》第六十六條、第六十七條、第一百九十三條	根據年度報告董事會決議的簽字狀況認定責任有無，根據職務認定責任大小
科達股份	〔2011〕38號	董事、獨立董事、監事	未披露多計費用少計利潤等財務信息的虛假記載，且未披露關聯交易等事項	《證券法》第六十五條、第六十六條、第六十七條	直接根據職務認定責任
安妮股份	〔2011〕39號	董事、高管	虛增營業收入、成本、利潤	《證券法》第六十六條、第一百九十三條	完全根據當事人的公司職務認定責任，無視其他因素

| 153

董事注意義務的司法認定：美國的經驗和中國的再造

（續表）

行政處罰決定書名稱	行政處罰決定書文號	當事人身分	違法事實	責任認定依據	責任認定標準
上海宏盛科技	〔2012〕7號	董事	虛假提單騙取信用證承兌虛增營業收入，造成年報營業收入虛假記載	《證券法》第六十三條、第一百九十三條	直接根據公司職務認定責任
山東魯北化工	〔2012〕11號	董事和高管	重大關聯交易未予及時披露；短期借款餘款未如實披露	《證券法》第六十三條、第六十七條、第一百九十三條	從行政處罰決定書中無法查明責任認定標準
亞星化學	〔2012〕16號	董事、獨立董事	直接和間接的非經營性資金往來未入帳導致虛假記載和重大遺漏，多計銀行存款少計其他應收帳款	《證券法》第六十三條、第一百九十三條	從行政處罰決定書中無法查明責任認定標準
山東華陽科技股份有限公司	〔2012〕34號	董事、獨立董事、高管	未將借款計入會計記錄造成虛假記載，且未披露關聯交易和非經營性資金往來	《證券法》第六十五條、第六十六條	根據董事會會議同意年度報告的情況，並結合公司職務認定責任大小
江蘇炎黃在線物流股份有限公司	〔2012〕48號	董事、高管	虛增物流代理業務收入、虛增債權轉讓收入、虛增利潤，且未披露關聯交易	《證券法》第六十三條、第一百九十三條	根據當事人的公司職務，並結合相關材料的簽字狀況認定責任
濰坊亞星化學股份有限公司	〔2013〕3號	董事、獨立董事、高管	未及時計入財務費用導致虛假記載，且未披露關聯交易等事項	《證券法》第六十三條、第一百九十三條	根據當事人的公司職務，並結合董事會會議和相關定期報告的簽字狀況認定責任
紫光古漢集團股份有限公司	〔2013〕9號	董事、高管	虛增收入和利潤，未披露合資協議	1999年《證券法》第一百七十七條、《證券法》第一百九十三條	根據簽字情況認定責任，並結合職務情況認定責任大小
遼寧國能集團(控股)股份有限公司	〔2013〕10號	董事、高管	虛假記載，且未披露關聯交易	《證券法》第六十三條、第一百九十三條	根據當事人職務認定責任
雲南綠大地生物科技股份有限公司	〔2013〕23號	董事、獨立董事、高管	招股說明書與年報中均虛增資產、虛增收入	《證券法》第六十三條、第一百九十三條	主要根據招股說明書的簽字狀況認定責任

（續表）

行政處罰決定書名稱	行政處罰決定書文號	當事人身分	違法事實	責任認定依據	責任認定標準
山西天能科技股份有限公司	〔2013〕43號	董事、監事和高管	偽造原始憑證,虛增收入成本利潤	《證券法》第二十條、第六十三條	主要根據職務認定責任,並結合財務報表的簽字狀況認定責任
萬福生科(湖南)農業開發股份有限公司	〔2013〕47號	董事、獨立董事、監事、高管	招股說明書與年報中均虛增收入	《證券法》第十三條、第六十三條、第六十七條	主要根據招股說明書的簽字狀況,並結合公司職務認定責任
廣東新大地生物科技股份有限公司	〔2013〕53號	董事、獨立董事、監事、高管	虛增營業收入和營業成本、虛增利潤,且未披露關聯交易、股權轉讓	《證券法》第十三條、第二十條第一款、第六十三條的規定、第一百九十三條	根據招股說明書等申報材料的簽字狀況認定責任
河南天豐節能板材科技股份有限公司	〔2014〕19號	董事、獨立董事、監事、高管	虛增銷售收入、虛增利潤、虛增固定資產、偽造銀行對帳單,且關聯交易披露不完整	《證券法》第二十條第一款、第一百九十三條第二款	完全根據招股說明書及其摘要的簽字狀況認定責任
南京紡織品進出口股份有限公司	〔2014〕42號	董事、獨立董事、高管	連續五年虛構利潤	《證券法》第六十三條、第一百九十三條	依據當事人在公司中的職務,直接認定當事人的責任
河南蓮花味精股份有限公司	〔2014〕51號	董事、獨立董事、監事和高管	將未到位的政府補助入帳虛增利潤,將政府補助衝減主營業務成本,且未披露涉訴事項	《證券法》第六十三條、第六十七條、第一百九十三條	依據當事人在公司中的職務,直接認定責任
新疆中基實業股份有限公司	〔2014〕68號	董事、高管	虛增業務收入成本、虛增或虛減利潤	《證券法》第六十三條、第一百九十三條	根據當事人的公司職務和當事人的違法行為的實施角色綜合認定責任
河北寶碩股份有限公司	〔2014〕69號	董事、獨立董事	虛增利潤、貨幣資金虛假記載、篡改年度財報,且未披露一系列擔保事項	1999年《證券法》第五十九條、第六十三條、第六十八條	完全根據年度報告決議的簽字狀況認定責任
華塑控股股份有限公司	〔2014〕75號	董事、獨立董事、高管	未披露轉款以及少計提壞帳準備致使財務數據虛假	《證券法》第六十三條、第六十七條、第一百九十三條	直接根據當事人的公司職務認定責任

董事注意義務的司法認定:美國的經驗和中國的再造

(續表)

行政處罰決定書名稱	行政處罰決定書文號	當事人身分	違法事實	責任認定依據	責任認定標準
上海康達化工新材料股份有限公司	〔2014〕82號	董事、高管	虛增利潤,且未報告利潤下滑事項	《證券法》第六十三條、第一百九十三條	從行政處罰決定書中無法查明責任認定標準
內蒙古四海科技股份有限公司	〔2014〕92號	董事、高管	虛假披露貨幣資金總額,且未披露重大合同事項	《證券法》第六十八條第三款	根據當事人的公司職務認定責任
深圳海聯訊科技股份有限公司	〔2014〕94號	董事、高管	虛構收回應收帳款、虛增營業收入	《證券法》第十三條第二十條第一款	從行政處罰決定書中無法查明責任認定標準
廣西北生藥業股份有限公司	〔2014〕95號	董事、高管	虛增銷售收入、虛假記載在建工程以向關聯方轉移資金	《證券法》第六十三條、第六十六條第二項、第六十七條、第一百九十三條	直接根據當事人在公司的職務情況認定責任
濰坊北大青鳥華光科技股份有限公司	〔2015〕7號	董事、獨立董事、監事	通過關聯方控制虛增營業收入、通過不披露關聯交易虛增利潤,且未依法披露實際控制人	《證券法》第六十三條、第六十六條第(二)、(五)項、第一百九十三條	依據董事會會議書面確認意見中的無異議的審核簽字狀況,並結合公司職務認定其責任大小
上海超日太陽能科技股份有限公司	〔2015〕10號	董事、獨立董事	虛假確認收入、提前確認收入,且未披露、未按規定披露一系列事項	《證券法》第六十七條第(三)項、第一百九十三條第一款	根據協議簽訂情況
安徽皖江物流(集團)股份有限公司	〔2015〕21號	董事、獨立董事、監事、高管	虛增收入利潤、未合理計提壞帳準備,且未依法披露一系列對外擔保事項	《證券法》第六十三條、第六十七條、第一百九十三條	根據當事人的公司職務認定責任
北京賽迪傳媒投資股份有限公司	〔2015〕32號	董事、高管	未按規定對商譽計提減值,造成虛假披露	《證券法》第六十三條、第一百九十三條第一款	根據當事人的公司職務認定責任
華銳風電科技(集團)股份有限公司	〔2015〕66號	董事、獨立董事、高管	偽造單據提前確認收入	《證券法》第六十三條、第一百九十三條第一款	根據職務認定,並結合年報的簽字狀況認定責任
中科雲網科技集團股份有限公司	〔2015〕84號	董事、獨立董事	違規提前確認收入	《證券法》第六十三條、第一百九十三條第一款	根據季度報告董事會決議的簽字狀況和董事的職務認定責任

（續表）

行政處罰決定書名稱	行政處罰決定書文號	當事人身分	違法事實	責任認定依據	責任認定標準
海南亞太實業發展股份有限公司	〔2016〕12號	董事、獨立董事	虛假記載、虛增利潤營業收入	《證券法》第六十三條	根據公司年報及審議文件，根據公司任職情況認定責任
廣西康華農業股份有限公司	〔2016〕21號	董事、高管	虛假記載、虛增資產營業收入應收帳款	《上市公司重大資產重組管理辦法》第四條	根據當事人的公司職務，並結合報告書的簽字狀況認定責任
浙江步森服飾股份有限公司	〔2016〕22號	董事、獨立董事、高管	虛增資產、營業收入、應收帳款	《上市公司重大資產重組管理辦法》第四條	根據簽字與否認定責任的有無，根據職務認定責任的大小
吉林成城集團股份有限公司	〔2017〕23號	董事、獨立董事、高管	未按規定披露重大訴訟、擔保事項；虛構交易事項導致虛增收入、利潤	《證券法》第六十三條、第一百九十三條第一款	根據職務認定責任
浙江九好辦公服務集團有限公司	〔2017〕32號	董事、高管	虛增收入、虛構存款、未披露借款及銀行存款質押	《上市公司重大資產重組管理辦法》第三條、第四條、第五十五條第一款、第二款及《證券法》第一百九十三條第一款	根據職務狀況並結合簽字狀況認定責任
鞍山重型礦山機器股份有限公司	〔2017〕35號	董事、獨立董事、監事、高管	虛增收入、虛構存款、未披露借款及銀行存款質押	《證券法》第六十三條、第一百九十三條第一款	根據簽字表決情況並結合職務狀況認定責任
北京嘉寓門窗幕牆股份有限公司	〔2017〕38號	董事、獨立董事、監事、高管	招股說明書、定期報告中虛假記載資金往來，並跨期結轉成本調節利潤等	《證券法》第六十三條、第一百九十三條第一款	根據招股說明書和定期報告的簽字狀況認定責任
懷集登雲汽配股份有限公司	〔2017〕60號	董事、獨立董事、監事、高管	通過少確認主營業務成本、三包索賠費不入帳、票據貼現費用不入帳等方式虛增利潤	《證券法》第六十三條、第一百九十三條第一款	根據簽字狀況認定責任有無，根據職務狀況認定責任大小
廣東省珠海市博元投資股份有限公司	〔2017〕73號	董事、獨立董事、監事、高管	虛增資產、負債、營業收入和利潤	《證券法》第六十三條、第一百九十三條第一款	根據簽字狀況並結合職務狀況認定責任

董事注意義務的司法認定：美國的經驗和中國的再造

（續表）

行政處罰決定書名稱	行政處罰決定書文號	當事人身分	違法事實	責任認定依據	責任認定標準
山東墨龍石油機械股份有限公司	〔2017〕87號	董事、獨立董事、監事、高管	定期報告中虛增淨利潤	《證券法》第六十三條、第一百九十三條第一款	根據簽字狀況並結合公司職務狀況認定責任
哈爾濱電氣集團佳木斯電機股份有限公司	〔2017〕97號	董事、獨立董事、監事、高管	通過少結轉主營業務成本、少計銷售費用等方式虛增利潤	《證券法》第六十三條、第一百九十三條第一款	根據簽字狀況認定責任有無，根據崗位職責、任職年限認定責任大小
江蘇雅百特科技股份有限公司	〔2017〕102號	董事、獨立董事、監事、高管	虛增收入	《證券法》第六十三條、第六十八條、第一百九十三條第一款	根據職務並結合簽字狀況認定責任
銀基烯碳新材料股份有限公司	〔2017〕105號	董事、獨立董事、監事、高管	虛增資產，少計負債，虛減費用，虛增淨利潤	《證券法》第六十三條、第六十六條、第一百九十三條第一款	根據職務狀況結合簽字狀況認定責任
成都華澤鈷鎳材料股份有限公司	〔2018〕8號	董事、獨立董事、監事、高管	未在相關年報中披露關聯方非經營性占用資金，將無效票據入帳	《證券法》第六十三條、第一百九十三條第一款	根據簽字狀況認定責任有無，根據職務狀況認定責任大小
沈機集團昆明機床股份有限公司	〔2018〕9號	董事、獨立董事、監事、高管	通過跨期確認收入、虛計收入、虛增合同價格、少計提辭退福利和高管薪酬的方式虛增收入	《證券法》第六十三條、第六十八條、第一百九十三條第一款	根據職務並結合簽字狀況進行責任認定
金亞科技股份有限公司	〔2018〕10號	董事、獨立董事、監事、高管	年度報告中虛增收入、成本，配套地虛增存貨、往來款和銀行存款	《證券法》第六十三條、第一百九十三條第一款	根據簽字狀況認定責任有無，根據職務狀況認定責任大小
青島市恒順眾昇集團股份有限公司	〔2018〕31號	董事、獨立董事、監事、高管	提前確認多個重大合同的銷售收入	《證券法》第六十三條、第一百九十三條第一款	根據職務認定責任的有無和大小
五洋建設集團股份有限公司	〔2018〕54號	董事、監事、高管	披露文件中虛減企業應收帳款和應付帳款，導致少計提壞帳準備、多計利潤	《證券法》第六十三條、第一百九十三條第一款	根據簽字狀況認定責任有無，根據職務狀況認定責任大小

（續表）

行政處罰決定書名稱	行政處罰決定書文號	當事人身分	違法事實	責任認定依據	責任認定標準
寧波聖萊達電器股份有限公司	〔2018〕89號	董事、獨立董事、監事、高管	虛增收入和利潤	《證券法》第六十三條、第一百九十三條第一款	根據年度報告和財務報表的簽字和保證狀況認定責任的有無，根據職務認定責任大小
貴州長徵天成控股股份有限公司	〔2018〕112號	董事、高管	發布虛假年度業績預告	《證券法》第六十三條、第一百九十三條第一款	根據公司職務認定責任的有無和大小
湖北仰帆控股股份有限公司	〔2018〕116號	董事、獨立董事、監事、高管	年度報告虛增營業收入	《證券法》第六十三條、第一百九十三條第一款	根據公司職務認定責任的有無和大小
江蘇澄星磷化工股份有限公司	〔2019〕9號	董事、獨立董事、高管	年度報告中虛增應收票據、虛減應付票據	《證券法》第六十三條、第一百九十三條第一款	根據公司職務認定責任的有無和大小
中安科股份有限公司	〔2019〕44號	董事、獨立董事	虛增營業收入	《證券法》第六十三條、第一百九十三條第一款	根據公司職務和議案的表決簽字情況認定責任
山東新綠食品股份有限公司	〔2019〕55號	董事、監事、高管	申請公開掛牌文件中虛增主營業務收入、期末銀行存款、期末固定資產等。	《非上市公眾公司監督管理辦法》第六十條、《證券法》第一百九十三條	根據公司職務和披露文件的簽字狀況認定責任
美麗生態、八達園林	〔2019〕69號	董事、獨立董事、監事、高管	年度報告中對子公司的資產會計處理不當，導致虛增利潤	《證券法》第六十三條、第一百九十三條第一款	根據年度報告的簽字狀況，並結合公司職務認定責任

後　　記

　　本書是在我碩士畢業論文的基礎上修改而成的。從現在回望兩年前撰寫畢業論文的自己，無論如何也沒有想到這篇碩士畢業論文最終會被作為專著出版。這是我人生中的第一本專著，在我看來，這本書所蘊含的鍛煉自己、激勵自己、鼓舞自己的價值意義可能遠遠大於這本書的學術價值。通過本書的撰寫和修改，我認識到了案例研究方法、比較研究方法的魅力。更重要的是，通過本書所形成的研究積澱，我的研究視野從董事的注意義務這一個小領域逐漸擴展至整個公司法、證券法視角下的信義義務領域，同時也從關注董事的義務與責任這一條主線出發，逐漸發現董事的義務責任制度與公司治理其他領域之間的密切關係。本書是我學術研究旅程中留下的一個小小的印記，也是我未來學術旅程的起點。希望自己能夠在未來的道路上不畏艱辛、繼續前行！

　　這本書的出版需要表達諸多的感謝。我首先要感謝的就是我的導師劉文老師。我現在依然非常清晰地記得五年前劉老師帶領我和其他同學一起申報《經濟新常態下中國上市公司退市法律規制研究》這一課題時的場景。那時，剛從本科畢業的我在科研方面可以說是一張「白紙」，對科研的認知完全處於「未開發」狀態。是劉老師將我帶入科研的廣闊天地，是劉老師將我帶進公司法、證券法的浩瀚海洋。我基於「上市公司退市」這一主題形成研究積澱，後來又逐漸將研究視野擴展至資本市場的轉板制度，並形成了《論中國三板市場升級轉板的上市審核與實質審核理念》這一研究成果。同樣也是基於劉老師在研究生課堂上的引導，我接觸到了「雙層股權結構」這個在當時看來極為新奇的概念，並在後來形成了《博弈視角下的激勵機制與雙層股權結構》這一研究成果。這些都屬於我在學術道路上留下的小小的印記，而這些小小的印記均來源於劉老師的啓發和引導。本書從選題到提綱的擬定、書稿的撰寫、書稿的多次修改，再到最後的完善與

定稿，都得到了劉老師的辛勤指導。大到結構框架，小到字句段落、標點符號，劉老師都認真評閱、悉心教導。可以說，沒有劉老師對本書的指導與幫助，本書絕不可能順利完成並出版。在此，向劉老師表達深深的感激與誠摯的感謝！

我還要感謝西南財經大學法學院魯籬老師！魯老師的肯定和推薦才使得本書有機會以專著的形式出版。同時，非常感謝西南財經大學法學院對本書出版的資助，學院為我提供了知識、提供了資源，我永不會忘記！

我還要感謝一路上幫助我、關心我的老師們。非常感謝高晉康老師、辜明安老師對我的幫助、支持和鼓勵！

我還要感謝我的碩士畢業論文的三位答辯老師：周友蘇老師、吳越老師、陶維東老師！三位老師提出的寶貴的修改意見，使得本書的研究結論更科學、更合理。

當然，我還要感謝西南財經大學出版社高玲老師和各位編審老師！他們認真、細緻的排版、編校審核工作使本書增色不少。

最後，我還要感謝我的父母。他們在我每一個人生的「岔路口」留給我完全自主的選擇權，從本科畢業時工作與讀研的選擇，到碩士研究生畢業時工作與讀博的選擇。他們不僅在物質上支持我，讓我無論何時都不用為衣食而憂心，而且更重要的是，他們在精神上鼓勵我、支持我，成為我繼續在人生路上前行的無可替代的精神支柱。我對他們的感激、感謝、感恩在此處絕非用言語所能道盡！

感謝這一路上所有關心我、幫助我的老師們、朋友們！

蔣昇洋

國家圖書館出版品預行編目（CIP）資料

董事注意義務的司法認定：美國的經驗和中國的再造 / 蔣昇洋 編著.
-- 第一版. -- 臺北市：財經錢線文化，2020.06
　　面；　公分
POD版

ISBN 978-957-680-454-0(平裝)

1.公司法 2.中國

587.2532　　　　　　　　　　　　　　109007697

書　　名：董事注意義務的司法認定：美國的經驗和中國的再造
作　　者：蔣昇洋 編著
發 行 人：黃振庭
出 版 者：財經錢線文化事業有限公司
發 行 者：財經錢線文化事業有限公司
E - m a i l：sonbookservice@gmail.com
粉 絲 頁：　　　　　　網　址：
地　　址：台北市中正區重慶南路一段六十一號八樓 815 室
8F.-815, No.61, Sec. 1, Chongqing S. Rd., Zhongzheng
Dist., Taipei City 100, Taiwan (R.O.C.)
電　　話：(02)2370-3310　傳　真：(02) 2388-1990
總 經 銷：紅螞蟻圖書有限公司
地　　址: 台北市內湖區舊宗路二段 121 巷 19 號
電　　話:02-2795-3656 傳真:02-2795-4100　　網址：
印　　刷：京峯彩色印刷有限公司（京峰數位）

　本書版權為西南財經大學出版社所有授權崧博出版事業股份有限公司獨家發行電子
書及繁體書繁體字版。若有其他相關權利及授權需求請與本公司聯繫。

定　　價：350 元
發行日期：2020 年 06 月第一版
◎ 本書以 POD 印製發行